P. Marie-Pravin ERTZ

Le Processus d'Individuation chez Carl-Gustave Jung

P. Marie-Pravin ERTZ

Le Processus d'Individuation chez Carl-Gustave Jung

de la "causalité" à la "finalité"

Éditions Croix du Salut

Imprint
Any brand names and product names mentioned in this book are subject to trademark, brand or patent protection and are trademarks or registered trademarks of their respective holders. The use of brand names, product names, common names, trade names, product descriptions etc. even without a particular marking in this work is in no way to be construed to mean that such names may be regarded as unrestricted in respect of trademark and brand protection legislation and could thus be used by anyone.

Cover image: www.ingimage.com

Publisher:
Éditions Croix du Salut
is a trademark of
Dodo Books Indian Ocean Ltd., member of the OmniScriptum S.R.L Publishing group
str. A.Russo 15, of. 61, Chisinau-2068, Republic of Moldova Europe
Printed at: see last page
ISBN: 978-613-7-37335-4

Table des matières

INTRODUCTION

Prêtre catholique engagé depuis plus de vingt ans dans l'accompagnement spirituel de nombreuses personnes, jeunes et moins jeunes, je fus le témoin déconcerté de maintes problématiques et difficultés existentielles insoupçonnées auxquelles la double formation philosophique et théologique ne m'avait nullement préparé. Ni la rationalité philosophique, ni le spiritualisme théologique ne pouvaient suffire à comprendre, moins encore à apaiser, une souffrance personnelle se dévoilant au décours des nombreux entretiens individuels. Une problématique d'un autre ordre se jouait, une difficulté que je puis maintenant identifier comme une fragilité moïque (du «Moi») subissant la double pression environnementale (performance, efficacité) et identitaire (réussite, épanouissement personnel) sur fond sociétal marqué par l'absence de repères sécurisants et la survalorisation du sensationnel, de l'émotionnel, de l'extra-ordinaire. Dans cet ordre d'idée, je ne pouvais que souscrire à l'affirmation de Gilles Lypovetsky selon laquelle *« même les comportements individuels sont pris dans l'engrenage de l'extrême (...) »*[1]. Ainsi, la quête de l'extrême me semble, aujourd'hui, profondément internalisée, provoquant un éveil, en nos contemporains, d'une dynamique psychique qui peut être extrêmement délétère si elle n'est accompagnée, ni contenue.

De ce constat, issu de mon expérience de terrain, une question s'imposait à mon esprit : une pression environnementale peut-elle être à ce point internalisée si elle ne rejoint, en quelque manière, une aspiration profonde du sujet, une exigence naturelle, et partant incontournable, de sa *psyché* ? En d'autres termes, l'exigence de notre culture contemporaine, hypermoderne, problématisant l'équilibre des temps modernes fondé sur la soumission de l'individu aux valeurs et exigences sociétales (Eglise, Etat, Famille), n'est-elle pas une compensation psychique nécessaire, et donc salutaire, faisant écho à l'absence dommageable d'une authentique individuation ? Quelque chose se cherche, à tout le moins.

[1] Lipovetsky, G. et Charles, S. (2004). *Les Temps hypermodernes*. Paris : Éditions Grasset & Fasquelle, p. 53.

Quelque chose s'exprime à l'intérieur du sujet en quête de réalisation personnelle dont il me semblait nécessaire d'être le destinataire réceptif.

C'est précisément dans cette optique qu'il m'a paru intéressant d'étudier et de comprendre le concept du *Processus d'Individuation* de Carl Gustave Jung dont la finalité vise précisément l'avènement d'une personnalité réussie. Ainsi mon hypothèse peut très clairement s'énoncer ainsi : la validité heuristique de ce modèle développemental, c'est-à-dire sa capacité à donner sens aux évènements psychiques survenant au décours d'une évolution individuante, et d'autre part sa validité clinique, à savoir son application concrète dans le champ de la clinique contemporaine, offrirait au thérapeute une grille de lecture précieuse dans le décryptage de ce qui se vit et se dit dans le champ de la pathologie comme celui de la normalité.

Ma démarche méthodologique procèdera en trois étapes successives : la première comprendra « l'élaboration théorique du *Processus d'Individuation* » (1ère partie) dans une analyse comparative de la structure psychique selon Freud et Jung (Chapitre 1) et la mise en exergue du schéma développemental global (Chapitre 2). Ensuite, dans un second temps, il sera question d'une application de ce modèle psycho-dynamique au sein de la clinique (Chapitre 3) et de l'analyse d'une figure historique, celle de Friedrich Nietzsche (Chapitre 4). Enfin, dans une dernière étape de cette étude, le *Processus d'Individuation,* dans sa visée « prospective », nous invitera à un questionnement nouveau au sein de la clinique psychanalytique contemporaine : n'assiste-t-on pas à un élargissement paradigmatique de l'approche psychopathologique intégrant la notion de *« finalité »* ?

Dans le premier chapitre, « Analyse comparative de la structure psychique : Freud – Jung », nous tâcherons de suivre C.G. Jung dans son évolution personnelle et professionnelle pour comprendre l'origine et l'élaboration progressive du *Processus d'Individuation*, le conduisant d'une vision convergente d'avec les théories freudiennes à une conception pour le moins personnelle, et à bien des égards divergente, sur bon nombre de concepts de la psychanalyse traditionnelle : l'inconscient *collectif*, la méthode *constructive*, la technique *d'amplification* dans l'interprétation des rêves, la Libido *énergétique*, autant de mise en crise des fondamentaux de la psychanalyse freudienne que le médecin zurichois dut, à son corps défendant parfois, opérer dans un souci de fidélité aux faits observés.

Parvenu au terme de ce premier chapitre, nous serons en mesure d'étudier de manière spécifique le schéma développemental global du *Processus d'Individuation* tel que C.G. Jung le présente dans *« Dialectique du Moi et de l'inconscient »*[2]. L'ensemble du *Processus d'Individuation* offrira un modèle développemental psycho-dynamique qui se dégagera tout au long de ce second chapitre.

Ce second chapitre nous conduira logique au troisième centré sur l'application clinique du modèle théorique développemental. Le cas de Paul, relaté dans le livre de V. Prouvé, *« Le processus créatif dans la schizophrénie à partir de C.G. Jung. Dynamiques psychiques, chaos, transformation »*[3], et présentant cinq épisodes psychotiques successifs, visera à mettre en exergue la valeur clinique du *Processus d'Individuation*. Ce chapitre est le fruit de nombreuses discussions avec l'auteur qui fut, en outre, mon maître de stage et à qui je suis redevables d'une compréhension plus éclairée de l'axe pratique de la psychologie analytique jungienne.

Au versant clinique du *Processus d'Individuation* répondra son application à une figure historique, celle de Friedrich Nietzsche (chapitre 4). La visée de cette contribution personnelle est de mettre en évidence la valeur heuristique du modèle développemental jungien. En effet, il nous a semblé qu'une lecture jungienne de l'évolution psychique du philosophe bâlois nous permettrait de comprendre à nouveau frais et avec une pertinence réelle les thématiques philosophiques quelque que peu absconses, tels que le *Surhomme* et l'*Eternel*

---

[2] Jung, C.G. (2010). *Dialectique du Moi et de l'inconscient*. (R. Cahen, Trad.). Saint-Amand : Gallimard.
[3] Prouvé, V. (2013). *Le processus créatif dans la schizophrénie à partir de C.G. Jung. Dynamiques psychiques, chaos, transformation*. Paris : L'Harmattan. (A paraître). Ce livre expose la thèse de V. Prouvé défendue en 2009 à l'Université Catholique de Louvain.

retour, ainsi que son effondrement psychique, comme le résultat inéluctable du *Processus d'Individuation* problématisé.

Enfin la troisième partie, « Le *Processus d'Individuation : élargissement paradigmatique de la clinique psychanalytique contemporaine ? »,* nous mènera à nous questionner sur l'opportunité d'une intégration de la méthode jungienne constructive ou prospective, en complément du paradigme causaliste de la psychanalyse freudienne et des sciences dans son ensemble.

Une conclusion générale synthétisera l'ensemble des découvertes de notre étude et proposera quelques pistes pour des recherches ultérieures, en vue d'une vérification plus ample des thèses de la psychologie analytique de C.G. Jung, sans négliger le dialogue avec d'autres domaines scientifiques.

1ère PARTIE: ELABORATION THEORIQUE DU *PROCESSUS D'INDIVIDUATION*

Toute théorie est essentiellement, dans son mouvement principiel, une contemplation (*theôrein*) de la réalité qui se donne à déchiffrer au décours d'une expérience. Elle est le dévoilement d'une Vérité (*a-letheia*) du monde, jusque-là restée cachée, et exprimée en des concepts autorisés à une époque et une culture donnée. Le concept du *Processus d'Individuation* ici abordé ne déroge pas à cette loi. Ce n'est pas d'un travail de bureau dont il s'est agi avant tout, à l'endroit de Carl Gustave Jung, mais d'une empirie[4] débouchant sur une conception holistique et dynamique de la *psychè* humaine.

Aussi tâcherons-nous de suivre l'auteur, au long du premier chapitre de cette partie théorique, dans son mouvement intérieur qui le conduisit à la découverte du *Processus d'Individuation*. Partant d'une convergence avec les données de la théorie psychanalytique freudienne, l'auteur suisse sera conduit, par la confrontation aux faits oniriques et délirants de ses patients psychotiques et de sa propre expérience intérieure, à prendre distance par rapport à la théorie freudienne impropre à expliquer les phénomènes rencontrés. Le cheminement du médecin suisse l'amena logiquement, nous semble-t-il, à poser l'hypothèse de l'existence d'un processus autorégulateur au sein de la *psyché*.

Cette évolution historique de l'élaboration théorique du *Processus d'Individuation* nous conduira naturellement à la présentation du schéma développemental global proposé par Jung. Cela fera l'objet du second chapitre de la présente section. Au cours de ce chapitre, nous dégagerons les étapes de l'ensemble du processus et donnerons les caractéristiques principales de chacune de ces phases développementales. Au terme de cette élaboration théorique du

[4] C.G. Jung dit à ce propos : *« J'avais compris qu'une idée nouvelle, voire un aspect inhabituel, ne peut se faire admettre que par des faits...Plus que jamais j'étais poussé vers l'empirisme. J'en voulais aux philosophes de parler de tout ce qui était inaccessible à l'expérience et de se taire chaque fois qu'il se serait agi de répondre à une expérience... »* (Jung, C.G. (1973). *Ma vie, souvenirs, rêves et pensées recueillis par Aniela Jaffé traduits par Roland Cahen et Yves Le Lay.* Nouvelle édition revue et augmentée d'un index. Paris : Gallimard, p. 129)

Processus d'Individuation, nous serons en mesure de mettre à l'épreuve ce modèle développemental, dans la seconde partie de cette étude, afin d'en vérifier la validité heuristique et clinique.

Chapitre I

Analyse comparative de la structure psychique : Freud – Jung

Au cours de ce premier chapitre, nous retracerons de manière succincte, les étapes de l'évolution de la pensée jungienne. Commençant par une période de convergences avec les théories psychanalytiques de Sigmund Freud, centrée autour de l'existence réelle de l'inconscient et de la valeur thérapeutique de l'intégration de la psychologie au sein de la psychiatrie, Jung se détachera progressivement de son aîné en des divergences conceptuelles inéluctables issues des données expérientielles qui s'imposeront à lui tant dans sa pratique psychiatrique que dans son expérience personnelle.

1. La période des convergences : la réalité de l'inconscient

La réalité de l'inconscient, fondement de toute la démarche analytique freudienne, ne fut pas une nouveauté radicale pour C.G. Jung qui, dès son enfance, fut confronté aux manifestations de l'inconscient. Ses études ultérieures de psychiatrie et ses recherches en tant que médecin psychiatre se situent dans la droite ligne des interrogations émergées des expériences de son enfance : Comment comprendre l'existence d'une personnalité autonome, d'une réalité inconsciente, « cachée » derrière la façade sociale de tout sujet humain ?

1.1. La réalité de l'inconscient : De son enfance à sa thèse de doctorat (1902)

Très tôt C.G. Jung fut confronté à la réalité de l'inconscient. Ses premières expériences remontent à son enfance, dans sa relation avec sa mère, Emilie Jung-Preiszwerk, dont la personnalité double et complexe ne laissait d'étonner, voire d'effrayer, l'enfant. Jung dira en effet d'elle, dans *Ma vie* :

« Elle avait des opinions traditionnelles, toutes celles que l'on peut avoir ; mais, en un tournemain, apparaissait chez elle une grande figure sombre, dotée d'une autorité intangible – cela ne faisait aucun doute. J'étais sûr qu'elle aussi se composait de deux personnes : l'une était inoffensive et humaine, l'autre au contraire me paraissait redoutable. Celle-ci ne se manifestait que par moments mais toujours à l'improviste et faisait peur. Alors elle parlait comme pour elle-même, mais ce qu'elle disait s'adressait à moi et me touchait jusqu'au plus profond de moi-même de telle sorte que j'en restais généralement muet. »[5]

Le plus ancien souvenir de cet ordre remonte à la sixième année de Jung. Ce caractère énigmatique de la mère, l'enfant le retrouvait également chez sa grand-mère maternelle, Augusta Preiszwerk-Faber, *« une femme à caractère, à qui l'on attribua l'origine de la 'prédisposition familiale aux phénomènes occultes' »*, et de préciser : *« elle fut la première à parler de 'personnalité numéros 1 et 2'»*[6], dénominations reprises par Jung ultérieurement, et qui traduit les différents niveaux de conscience.

Cette personnalité double, Jung l'expérimentera également en lui-même :

« Naturellement, je compensais mon incertitude intérieure en affichant une certitude extérieure ou – mieux encore – la carence se compensait d'elle-même sans que je le veuille. J'avais l'impression d'être un individu coupable qui, dans le même temps, veut être innocent. Au fond, je savais toujours que j'étais 'deux'. L'un était le fils de ses parents ; celui-là allait au collège, était moins intelligent, moins attentif, moins appliqué, moins convenable et moins propre que beaucoup d'autres ; l'autre, au contraire, était un adulte ; il était vieux, sceptique, méfiant et loin du monde des humains. »[7]

---

[5] Jung, C.G. (1973). *Ma vie, souvenirs, rêves et pensées recueillis par Aniela Jaffé, op. cit.*, p. 69.
[6] Bair, D. (2007). *Jung. Une biographie.* (M. Devillers-Argouarc'h, Trad.). Paris : Flammarion, p. 33.
[7] Jung, C.G., *Ma vie, op. cit.*, p. 65.

Jung précisera que ce *« jeu alterné des personnalités numéro 1 et numéro 2, qui a persisté tout au long de* (sa) *vie, n'a rien de commun avec une 'dissociation', au sens médical ordinaire. Au contraire, il se joue en chaque individu. Ce sont avant tout les religions qui, depuis toujours, se sont adressées au numéro 2 de l'homme, à l''homme intérieur'. Dans ma vie, c'est le numéro 2 qui a joué le rôle principal et j'ai toujours essayé de laisser libre cours à ce qui voulait venir à moi de l'intérieur. Le numéro 2 est une figure typique, mais le plus souvent la compréhension consciente ne suffit pas pour voir qu'on est cela aussi. »*[8]

Il n'est pas étonnant que, dans un tel contexte personnel et familial, enté qui plus est de pratiques occultes, Jung se soit intéressé dès le début de sa carrière professionnelle, aux phénomènes paranormaux. C'est précisément cet intérêt pour l'occultisme qui le conduisit à poser sa candidature au Burghölzli, clinique psychiatrique de Zurich, dont le directeur, Eugen Bleuler, étudiait précisément ce type de phénomène. Entré en décembre 1900, il rédigea sa thèse doctorale, *« Psychologie et psychopathologie des phénomènes dits occultes »*, qui fut publiée en 1902. Relatant les recherches sur l'altération des états de conscience menées par Jean-Martin Charcot, William James, Théodore Flournoy et Eugen Bleuler, il se proposait d'étudier et d'analyser une personnalité médiumnique (en l'occurrence sa cousine Helly Preiszwerk, de six ans sa cadette) afin de constater *« comment naît un numéro 2, comment il imprègne une conscience enfantine qu'il finit par intégrer en lui. »*[9] Et Deirdre Bair de préciser : *« Son intention était de bien faire comprendre que les pouvoirs psychiques sont le résultat de certains états psychologiques, et qu'ils n'ont rien à voir avec quelque phénomène prétendument surnaturel. »*[10]

C'est au cours de ces deux premières années au Burghölzli que Jung entendit

---

[8] *Ibid.*, p. 66.
[9] Jung, C.G., *Ma vie, op cit.*, p. 132.
[10] Bair, D., *op. cit.*, p. 103.

parler, pour la première fois, de l'expérience *des associations de mots* de Wilhelm Wundt et qu'il lut *« l'interprétation des rêves »* de Freud. Mais Jung *« se contenta d'en résumer le contenu, car l'ouvrage ne lui avait pas laissé d'impression particulière, jusqu'à ce qu'il le lise une deuxième fois. »*[11] Cette seconde lecture eut lieu en 1905, où il y trouva la confirmation de ses propres recherches sur les associations de mots : *« les 'mécanismes de refoulement', de résistance qu'il pouvait observer le convainquirent que la théorie freudienne de l'inconscient était pour l'essentiel vérifiée. »*[12] Toutefois, déjà à cette époque, *« il ne partageait pas (...) la thèse de Freud selon laquelle à l'origine de tous les refoulements névrotiques se trouvait un 'trauma ou un choc d'ordre sexuel'. »*[13] L'étiologie des malades psychotiques du Burghölzli ne se laissait pas enfermer dans la problématique exclusivement sexuelle, comme nous le verrons plus avant.

Constatons, pour l'heure, que la réalité de l'inconscient s'est, en quelque manière, imposée à Jung dès sa plus tendre enfance. Elle fut un sujet de questionnement jusqu'à l'aube de sa pratique professionnelle. Et son expérience familiale des phénomènes occultes et paranormaux furent le terreau d'une compréhension particulière de la réalité psychique inconsciente. Peut-être est-ce la cause principale du peu d'intérêt dont fit montre Jung à la première lecture de l'œuvre inaugurale de la Psychanalyse : *l'interprétation des rêves* de Freud. Ce furent néanmoins ses études sur les associations de mots auprès des patients schizophrènes du Burghölzli qui le rapprochèrent du père de la Psychanalyse.

1.2. L'intégration de l'approche psychologique au sein de la psychiatrie : Les premiers écrits de C.G. Jung

C'est en 1907 que Jung publie *« Psychologie de la démence précoce :*

---

[11] *Ibid.*, p. 98.
[12] *Ibid.*, p. 136
[13] *Ibid.*

essai »[14], ouvrage où il développe sa *théorie des complexes* qui le propulsa au-devant de la scène internationale. Premier à pratiquer une psychothérapie individuelle auprès des schizophrènes, il étudie l'univers des représentations mentales de ces sujets, par l'adaptation du test d'association de mots de W. Wundt. Ces travaux éveillèrent l'intérêt de S. Freud qui, dès 1906, dans une conférence qu'il donna aux étudiants de droit pénal à l'Université de Vienne, fait explicitement référence aux travaux de l'école de Zurich (Bleuler et Jung en particulier) :

> *« l'expérience d'association introduit en psychologie par l'école de Wundt n'est rien d'autre qu'une modification de ce jeu d'enfants...Elle consiste en ce qu'on lance à une personne un mot – le mot-stimulus –, auquel elle répond le plus rapidement possible par un mot qui lui vient à l'idée à propos du premier, ce qu'on appel 'réaction', sans qu'elle ait été restreinte par quoi que ce soit dans le choix de cette réaction...(ces expériences) ne s'avérèrent pleines de sens et fécondes que lorsque Bleuler, à Zurich, et ses disciples, en particulier Jung, commencèrent à s'occuper de ces 'expériences d'associations'. Leurs expériences acquirent cependant de la valeur de par la présupposition que la réaction au mot-stimulus ne pouvait être rien de fortuit, mais devait forcément être déterminée par un contenu de représentation présent chez l'individu réagissant. »*[15]

C'est dire tout l'intérêt que porta Freud à cette étude qui confirmait ses propres thèses. *« Fruit de trois années d'études expérimentales et d'observations cliniques »*[16], cet ouvrage de Jung se centrait principalement sur les contenus inconscients à l'œuvre dans la démence précoce caractérisés par la notion de

---

[14] Jung, C.G. (1907). *Psychologie de la démence précoce : essai*, in Jung, C.G. (2001). *Psychogenèse des maladies mentales*, trad. J. Rigal, Paris, Albin Michel, p. 13-187.
[15] Freud, S., *Diagnostique de l'état des faits et psychanalyse (juin 1906)*, in *Œuvres complètes*, tome VIII, 1906-1908, Paris, PUF, 2007, p.15.
[16] Jung, C.G., *Psychologie de la démence précoce : essai* (1907), *op. cit.*, p. 13.

complexe à tonalité affective[17]. Qu'est-ce à dire ?

A partir du test d'association de mots, Jung est amené à postuler l'existence, dans l'inconscient, de conglomérats affectifs, fondement de nos représentations mentales composées pour l'essentiel de trois éléments : la perception sensorielle (corporelle), intellectuelle (représentation, souvenirs visuels, jugements,...) et affective du donné expérientiel. Ces trois composantes, indissociables, forment une *unité affective définie*. Ce conglomérat affectif est mémorisé et activable à tout instant par l'apparition d'une des composantes de la représentation mentale (physique ou psychique dans sa double acception intellectuelle ou affective). Aussi *« la tonalité affective de toute la masse de représentations »*[18], est ce que C.G. Jung désigne du nom de *« complexe à tonalité affective »*[19]. Le complexe est donc *« une unité psychique supérieure »*[20], un englobant affectif de toutes les données sensorielles et mentales de l'expérience.

Freud avalisera cette dénomination et l'utilisera dans divers écrits ou conférences :

> *« On a pris l'habitude d'appeler un tel contenu de représentation qui est en mesure d'influencer la réaction au mot-stimulus un 'complexe' »*[21] ;
>
> *« Les relations existant entre les complexes apparemment si disparates de l'intérêt pour l'argent et de la défécation se révèlent être des plus abondantes...Or en psychanalyse on aboutit à cet effet seulement lorsqu'on touche au complexe de l'argent chez les personnes concernées et qu'on les amène à porter à la conscience ce même complexe, avec toutes ses relations. »*[22] ;
>
> *« C'est un des résultats les plus précieux de nos investigations psychanalytiques que leurs névroses n'aient aucun contenu*

---

[17] *Ibid.* p. 53.
[18] *Ibid.*, p. 54.
[19] *Ibid.*
[20] *Ibid.*
[21] Freud., S., *Diagnostic de l'état des faits et psychanalyse*, juin 1906
[22] Freud., S., *Caractère et érotisme anal*, mars 1908, in *Psychiatrisch Neurologisch Wochenschrift*, in *Œuvres complètes*, tome VIII, 1906-1908, Paris, PUF, 2007, pp. 192-193)

psychique particulier, leur revenant en propre et à eux seuls, mais que, selon l'expression de C.G. Jung, ils tombent malades des mêmes complexes que ceux avec lesquels nous aussi, les bien portants, sommes en lutte. »[23].

Bref, ces citations montrent à l'envi combien la notion de complexe fut largement partagée par le fondateur de la psychanalyse, corroborant les résultats de la psychanalyse des patients névrosés.

Il est à préciser que, selon Jung, parmi l'ensemble de ces représentations mentales à tonalité affective, le *complexe-moi*, est une *« combinaison solidement associée de toutes les sensations communes du corps »*[24]. Complexe *« le plus solide et le plus fort* (qui) *s'affirme au travers de tous les orages psychologiques »*[25], il acquiert une *« tonalité d'attention »*[26] qui peut momentanément passer à l'arrière-plan lors d'activation de complexe à tonalité affective très forte (l'effroi, par exemple). Au sortir de l'effroi, une *« persévération de l'affect »*[27] subsiste en proportion de l'étendue du nouveau complexe ou de l'intensité de l'affect, les deux étant évidemment liés. Il se produit alors ce que Jung appelle *« une sensibilisation au complexe »*[28] proche de la notion de conditionnement pavlovien.

Une autre caractéristique du complexe réside dans le fait qu'il *«doit à tout prix se vivre jusqu'au bout »*[29]. S'il n'est pas vécu, on assiste à un déplacement du complexe dans une humeur contrastante, un caractère artificiel, ce qui produit fréquemment de véritables *« doubles personnalités »*[30] qui peuvent aller jusqu'au dédoublement de la conscience, appelé aussi *« dissociation de la*

[23] Freud., S., *Des théories sexuelles infantiles*, in *Sexual-Probleme*, décembre 1908, in *Œuvres complètes*, tome VIII, 1906-1908, Paris, PUF, 2007, p.228)
[24] Jung, C.G., *Psychologie de la démence précoce : essai* (1907), *op. cit.*, p. 55.
[25] *Ibid.*
[26] *Ibid.*
[27] *Ibid.*, p. 57.
[28] *Ibid.*
[29] *Ibid.*, p. 66.
[30] *Ibid.*, p. 67.

personnalité »[31]. Dans les cas de pathologies graves, telle la démence précoce, Jung est amené à penser *« que le complexe absorbe très largement l'activité du cortex et produit une espèce de décérébration »*[32] qui explique les troubles moteurs apparaissant dans les formes d'automatisme, sans exclure l'action primaire d'une toxine métabolique, l'élément X, cause de diminution de l'activité cérébrale et de l'atrophie psychique[33].

La théorie des *complexes* sera confirmée par la suite de ses travaux sur la psychose, consignée en une œuvre intitulée : *« Le contenu de la psychose »* (1908)[34]. En opposition aux conceptions officielles psychiatriques, selon lesquelles *«Les maladies mentales sont des maladies du cerveau »*[35], Jung constate de manière indubitable que *« les trois quart ont un cerveau qui, le plus souvent, paraît être intact et présente tout au plus des lésions telles qu'elles n'expliquent absolument rien du trouble psychique. »*[36]. Ainsi, s'exilant des croyances de la psychiatrie traditionnelle, matérialiste, et se rapprochant des conceptions freudiennes en termes de pathologie, Jung affirme l'existence d'une activité psychique dans la construction des symptômes psychotiques :

> *« nous pouvons affirmer dès maintenant avec certitude que, dans la démence précoce, il n'existe pas de symptôme dont on ne puisse dire qu'il est sans fondement psychologique et qu'il est absurde. Même les choses les plus absurdes ne sont que les symboles d'idées qui, non seulement sont compréhensibles par tous, mais existe en fait dans le cœur de tous les hommes. Ainsi ne découvrons-nous chez le malade mental rien de nouveau ni d'inconnu, mais le substrat de notre propre nature, la matrice des problèmes vitaux auxquels nous*

---

[31] *Ibid.*

[32] *Ibid.*, p. 119.

[33] *« Là, je ne néglige nullement la possibilité que cet élément X soit primaire, c'est-à-dire qu'il apparaisse en premier lieu sans causes ni point de départ psychologiques et ne fasse ensuite que s'emparer du dernier complexe existant pour le transformer de façon spécifique, ce qui peut faire croire à la causalité du complexe. Quoi qu'il en soit, les conséquences psychologiques restent les mêmes : la psyché ne s'affranchit plus jamais du complexe. »* (*Ibid.*,p. 118).

[34] Jung, C.G. (1908). *Le contenu de la psychose*, in Jung, C.G. (2001). *Psychogenèse des maladies mentales*. (J. Rigal, Trad.). Paris : Albin Michel, p. 195-220.

[35] *Ibid.*, p. 197.

[36] *Ibid.*, p. 200.

sommes tous confrontés. »[37]

Nous pouvons donc dire, en définitive, que la *« Psychologie de la démence précoce »* (1907) et *« le contenu de la psychose »* (1908) ont confirmé l'existence de contenus *inconscients*, et donc l'inconscient lui-même, au fondement des pathologies névrotiques (Freud) comme psychotiques (Jung). Ce contenu inconscient est ce que la psychanalyse dénommera à la suite de Jung : les *complexes.*

Tout ceci augurait d'une entente et d'une complémentarité féconde entre ces deux hommes dont les travaux se recoupaient et se confirmaient mutuellement. Comment une telle harmonie allait-elle être rompue ? Comment une divergence, allant jusqu'à une inéluctable rupture, est-elle survenue entre ces deux chercheurs dont l'unité de pensée n'était nullement factice ? A n'en point douter, l'expérience des psychoses chez Jung, et la crispation théorique de Freud, furent les principaux éléments de cette crise.

2. Les divergences inéluctables

Plusieurs facteurs ont contribué à l'émancipation d'une pensée personnelle dans l'approche psychanalytique, théorique et pratique, de C.G. Jung. Ces éléments déclencheurs, très bien décrits par Vincent Prouvé, dans son livre, *« Le processus créatif dans la schizophrénie à partir de C.G Jung »*[38], jalonnent l'expérience thérapeutique et personnelle de Jung, l'amenant, à son corps défendant (sentant qu'il risquait de perdre l'amitié de Freud), à modifier quelques concepts clés de la psychanalyse freudienne, dans un souci permanent de fidélité aux faits observés.

Nous suivrons dans un premier temps, les évènements chronologiques qui

---

[37] *Ibid.*, p. 220.

[38] Prouvé, V. (2013). *Le processus créatif dans la schizophrénie à partir de C.G Jung*. Paris : L'Harmattan. (A paraître).

furent à l'origine d'une nouvelle vision de la *psyché*, cause de la séparation d'avec Freud. Dans un second temps, nous étudierons les points de divergences inéluctables qui sont, en réalité, davantage complémentaires que contradictoires. Ces divergences théoriques concernent quatre grands concepts de la psychanalyse : l'existence d'un *inconscient collectif* ou *trans-personnel* ; la méthode analytique dite *constructive* ; la technique de l'*amplification* dans l'analyse des *rêves* ; enfin, une nouvelle conception de la *Libido*.

2.1. Les évènements déclencheurs d'une nouvelle vision de la psyché

2.1.1. Un rêve qui changea tout…

Le premier évènement eut lieu lors du voyage de Freud et de Jung aux Etats-Unis, en 1909. Au cours de ce voyage, où tout deux étaient invités à donner des conférences dans diverses universités, Jung eut un rêve qui modifia de manière significative son rapport à la psychanalyse freudienne. En effet, le rêve faisait état d'une maison composée de plusieurs niveaux de styles différents : le rez-de-chaussée était de style moyenâgeux, la cave d'époque romaine et la crypte rocheuse enfermant des ossements, deux crânes à moitié désagrégés, des débris de vases, était comme le vestige d'une civilisation primitive[39]. Soumettant ce rêve à Freud, celui-ci n'y décela que le désir du meurtre du père (Freud) par le fils spirituel (Jung). Cette interprétation ne pouvait satisfaire Jung pour qui ce rêve recelait en enseignement quant à la nature globale de la *psyché*. En effet, pour ce dernier, ce fut la première manifestation de la nature phylogénétique de la *psyché*, entée de couches successives de sédimentations psychiques, remontant jusqu'à une époque primitive (la cave rocheuse avec ses ossements). Et V. Prouvé de commenter cet épisode :

> *«Tandis que Freud essayait de trouver des désirs personnels, cachés, de mort par exemple, Jung orientait les recherches dans une*

[39] Ce rêve est relaté par Jung dans *Ma vie, op. cit.*, p. 186.

autre direction. Certes, cela pouvait être des désirs de mort, nous n'en savons rien, ou encore d'autres désirs – les interprétations ne s'excluent pas -, mais Jung considérait le rêve autrement : la maison était une image de sa psyché globale et les étages, les différentes stratifications historiques de l'inconscient, jusqu'à la grotte qui représentait les 'restes d'une civilisation primitive'. »[40]

Prouvé peut alors conclure en citant Jung : *« Je pris conscience alors d'une façon toute particulière de la grande différence de nature qui séparait l'attitude mentale de Freud de la mienne propre. J'avais grandi dans l'atmosphère intensément historique de la ville de Bâle (...) et la lecture des vieux philosophes m'avait procuré une certaine connaissance de l'histoire de la psychologie. Quand je réfléchissais sur des rêves ou des contenus de l'inconscient, je ne le faisais jamais sans recourir à des comparaisons historiques... »*[41]

2.1.2. Le délire d'un patient schizophrène du Burghözli

Le second élément qui conforta Jung dans l'interprétation d'une *psyché* stratifiée, fut le délire d'un patient schizophrène au Burghözli, la clinique cantonale de Zürich. Ce patient interpella un jour Jung en lui montrant par la fenêtre le mouvement du soleil, accompagné du mouvement de la tête, et doté d'un phallus *« qui est, vous savez, l'origine du vent (...) »*[42] Or, quelques années plus tard, Jung

> *« tomba sur un article écrit par un historien allemand, Dieterich, sur la liturgie de Mithra décrite dans un papyrus égyptien ancien. L'historien publiait un extrait de cette liturgie qui disait ceci : 'Après la seconde prière, tu verras se déployer le disque du soleil et*

[40] Prouvé, V., *op. cit.*, p. 67.
[41] Jung, C.G., *Ma vie*, *op. cit*, p. 188..
[42] Jung, C.G. (1985). *C.G. Jung parle. Rencontres et interviews. Paris: Buchet-Chastel*, p. 338-339, cité par Prouvé, V., *op. cit*, p. 67.

tu verras en descendre le tube, l'origine du vent, et lorsque tu tourneras ton visage vers les régions de l'est, le soleil ira aussi de ce côté, et si tu tournes ton visage vers les régions de l'ouest, il te suivra.' Jung y reconnu évidemment les paroles de son patient qu'il n'avait pas comprises alors, mais qui révélaient, en fait, qu'il était descendu dans une strate ancienne de l'inconscient, qui faisait revivre la liturgie de Mithra, qui est un rite de mort et de résurrection, de sacrifice initiatique, que certains hommes de cette époque ancienne étaient amenés à accomplir. »[43]

Ces rites anciens étaient en quelque sorte une *« mind-cure (...) dans laquelle, par une plongée volontaire dans son inconscient, l'homme espère accéder symboliquement à un changement d'existence. »*[44]

2.1.3. La rédaction des « Métamorphoses et symboles de la Libido »[45]

La troisième étape de l'évolution de Jung fut la rédaction des *« Métamorphoses et symboles de la Libido »* où l'auteur, sur base de l'analyse d'une création poétique d'une jeune américaine, Miss Miller, composée dans un état d'introversion profonde, distingue deux modes de penser : le mode de penser *dirigé* (consciente, d'où émerge la capacité de juger) et celui *non-dirigé* (inconsciente, de type archaïque). Ce dernier est perçu par Freud comme étant un mode « infantile » ou « auto-érotique », tandis que Bleuler le range dans la catégorie « autistique ». Jung, pour sa part, se démarque de ses aînés considérant que

« les fondements inconscient des rêves et des imaginations ne sont des réminiscences infantiles qu'en apparence. Il s'agit en

[43] *Ibid.*, p. 68

[44] Lenoir, F. & Masquelier, Y. T. (dir), *Encyclopédie des religions*, tome 1, Bayard Editions, 1997, p. 213, cité par Prouvé, V., *op. cit.*, p. 68.

[45] Jung, C.G. (1927), *Métamorphoses et symboles de la Libido* (L. de Vos, Trad.). Paris : Editions Montaigne.

réalité de formes de pensées primitives, voire archaïques, reposant sur des instincts (...). Mais elles ne sont, en elles-mêmes, nullement infantiles et absolument pas pathologiques (...). De même, le mythe, qui repose aussi sur des processus de pensée inconsciente, n'est pas du tout infantile (...) »[46]

Et Jung, selon V. Prouvé, de comprendre *« la mythologie et les contenus archaïques, non pas comme des fantasmes réductibles à l'ontogenèse, mais comme de véritables produits issus de la phylogenèse du psychisme humain, et qui peuvent jouer* un rôle constructeur actuel *dans le psychisme humain, et remplir une fonction hautement utile... Jung en vient à considérer le mythe comme une donnée objective inscrite dans le psychisme humain, capable de donner du sens aux avatars de la destinée individuelle... Mais il dut en payer le prix : 'J'étais certain alors de perdre toute communauté de travail et tout rapport avec Freud.' »*[47]

2.1.4. Les symboles mythologiques au sein du transfert

Le quatrième moment important dans l'évolution personnelle de la pensée de Jung furent les symboles mythologiques au sein du transfert. Dans la *« Dialectique du Moi et de l'inconscient »*[48], Jung relate le cas d'une patiente dont le transfert sur sa personne était particulièrement fort. Prouvé précise :

« La malade reporta l'image du père sur le thérapeute, et aussi celle de l'homme aimé. A un moment, l'analyse ne progressait plus car ce transfert sur le médecin arrangeait bien la patiente. Jung réfléchissait à un moyen pour que la situation s'ouvre d'une quelconque manière, mais rien ne paraissait venir. Il restait, selon sa méthode, à s'en remettre aux rêves, pour découvrir 'les détours

[46] Jung, C.G., *Métamorphoses et symboles de la Libido*, cité par Prouvé, V., *op. cit.*, p. 69.
[47] Prouvé, V., *op. cit.*, p. 69-70.
[48] Jung, C.G. C.G. (2010). *Dialectique de Moi de l'inconscient.* (R. Cahen, Trad.). Saint-Amand: Gallimard.

et les labyrinthes qu'élirait la nature pour promouvoir un dénouement satisfaisant de la fixation, du piétinement et de l'arrêt du transfert… ' »[49]

Ce furent une série de rêves où le thérapeute paraissait tantôt avec *« une taille démesurée, tantôt il était vieux comme Hérode, tantôt il ressemblait au père de* (la) *patiente, et il était alors étrangement mêlé à des éléments de la nature (…) »*[50], associé aux éléments du vent dans les épis de blé.

> *« Jung essaie*, nous dit Prouvé, *de comprendre la série de rêves qui semble suivre un but souterrain. Il essaie de comprendre la* finalité *poursuivie par la création autonome spontanée, de ces 'fantasmes' dans l'inconscient de la patiente. Puis une hypothèse germa dans son esprit : 'dès lors la lumière se fit dans mon esprit : les choses n'étaient-elles pas à l'inverse de ce que nous avions pensé jusque là ? L'inconscient ne tentait-il pas de créer, de toute pièce, un dieu à partir de la personne du médecin, de libérer et d'abstraire, en quelque sorte, une image, une conception du divin dégagée des voiles personnels du concret et de l'individuel ? (…) L'inconscient, dans son impulsion, ne tendait-il qu'en apparence et au sens strict des mots, pour la forme, vers une personne humaine alors qu'en fait il tendait à trouver un dieu ?' »*[51]

Parallèlement à cette hypertrophie du thérapeute apparaissait un autre phénomène dans le champ du conscient :

> *«… je constatai que ses relations avec un des ses amis s'approfondissaient à vue d'œil. Et lorsque vint le moment de notre séparation, celle-ci ne provoqua en aucune manière un désastre ;*

---

[49] Prouvé, V., *op. cit.* p. 71.
[50] Jung, C.G., *Dialectique du Moi et de l'inconscient, op. cit.*, p. 34.
[51] Prouvé, V., *op. cit.*, p. 72.

nos adieux furent très raisonnables. »[52]

Et Jung de conclure : *« Ainsi j'avais eu le privilège d'être le seul témoin de ce processus de détachement progressif et de liquidation du transfert. J'avais pu constater comment, à partir d'un point de mire transpersonnel, s'était cristallisée, développée, affirmée une fonction que je ne puis appeler autrement que* fonction dirigeante, *et qui, pas à pas, attira à elle et assuma tous les éléments de surestimation personnelle dont j'étais précédemment le réceptacle (...). Cet exemple, à côté de beaucoup d'autres, me montre que les rêves ne sont pas de simples et vains fantasmes, mais qu'ils sont l'autoreprésentation de développements inconscients qui permet à la psyché de mûrir lentement, de grandir et de dépasser le caractère inadéquat de certaines liaisons personnelles. »*[53]

De ceci, Prouvé tire deux conclusions :

> *« la première conclusion c'est que : 'en présence de tels faits, nous sommes bien obligés de supposer et d'admettre que l'inconscient détient, non seulement des matériaux personnels, mais aussi des facteurs impersonnels, collectifs, sous forme de catégories héritées, et d'archétypes'. La deuxième conclusion : c'est que l'inconscient semble poursuivre un but. Il y a eu création interne de l'image d'un 'dieu' qui permit à la jeune patiente de retirer ses projections du médecin. »*[54]

2.1.5. L'expérience personnelle de Jung avec l'inconscient

Enfin, le cinquième élément décisif pour l'évolution de la pensée de Jung fut sa propre descente dans son inconscient. Fin 1912, début 1913, Jung eut un rêve

---

[52] Jung, C.G., *Dialectique du Moi et de l'inconscient*, *op. cit.*, p. 38.
[53] *Ibid.*, p. 39-40.
[54] Prouvé, V., *op. cit*, p. 73.

hautement significatif qui le confortait dans sa nouvelle interprétation des productions oniriques :

> *« J'étais dans une région qui me rappelait les Alyscamps près d'Arles. Il y a là une allée de sarcophages qui remonte à l'époque des Mérovingiens. Dans le rêve, je venais de la direction de la ville et voyais devant moi une allée (...) bordée de toute une rangée de tombes. C'étaient des socles surmontés de dalles de pierre sur lesquelles reposaient les morts. Ils gisaient là, revêtus de leurs costumes anciens, les mains jointes sur la poitrine, tels les chevaliers des vieilles chapelles mortuaires dans leurs armures, (...) dans mon rêve les morts n'étaient pas de pierre taillée, mais momifiés de singulière façon. Je m'arrêtai devant la première tombe et considérai le mort. C'était un personnage des années 1830. (...) Soudain, il se mit à bouger et revint à la vie. Ses mains se séparèrent et je savais que cela n'avait lieu que parce que je le regardais. (...) je continuai mon chemin et parvins à un autre mort qui appartenait au XVIIIe siècle. Là il se produisit la même chose ; alors que je le regardais, il redevint vivant et remua les mains. Je parcourus comme cela toute la file, jusqu'à ce que j'eusse atteint pour ainsi dire le XIIe siècle ; le mort dont il s'agissait était un croisé qui reposait dans une cotte de mailles, et qui avait également les mains jointes (...). Je le contemplai longuement, convaincu qu'il était réellement mort ; Mais soudain, je vis que l'un des doigts de sa main gauche commençait doucement à s'animer. »*[55]

L'interprétation de Jung fut la suivante : *«Ce rêve m'occupa longtemps. (...) au départ, j'avais partagé l'opinion de Freud selon laquelle l'inconscient recèle des vestiges d'expériences anciennes ; Mais des rêves comme celui-là et l'expérience vivante, réelle de l'inconscient m'amenèrent à la conception que ces vestiges ne sont*

[55] Jung, C.G., *Ma vie*, *op. cit.*, p. 200-201.

pas seulement des contenus morts, ni des formes usées de vie, mais qu'ils font partie intégrante de la psyché vivante. Mes recherches ultérieures confirmèrent cette hypothèse à partir de laquelle (...) se développa ma théorie des archétypes. »[56]

Et Prouvé de commenter : *« Malgré ces rêves et ces expériences impressionnantes, Jung restait désorienté. Tout cela remettait tellement en question tout ce qu'il avait appris jusque-là, tant dans ses études psychiatriques, que dans sa collaboration avec Freud. »*[57]

Aussi, voulant rester fidèle à ses intuitions issues de son expérience personnelle et clinique, il n'avait d'autre choix que de s'opposer au réductionnisme freudien :

« les cadres conceptuels dans lesquels il (Freud) *enferma le phénomène psychique (...) me semblaient insupportablement étroits. (...) je ne pense nullement à sa théorie des névroses (...) – ni à sa théorie du rêve (...) ; je pense plutôt au causalisme réductif de son point de vue général et à sa complète négligence, pourrait-on dire, de toute orientation vers un but ('Zweck'), pourtant caractéristique de toute ce qui est psychique. »*[58]

La séparation d'avec Freud (1912/1913) fut tout aussi inéluctable que douloureuse. C'est dans ce moment de grand désarroi que Jung décida de s'abandonner au travail de l'inconscient : *« c'est un jour de décembre 1913 qu'il décida de rendre les armes et de se laisser littéralement 'tomber' dans l'inconscient, de s'abandonner aux images telles qu'elles se présenteraient. »*[59] Ce fut le début de l'œuvre magistrale, récemment publiée, intitulée : *Le Livre Rouge*[60] dans lequel il consigna par écrit l'expérience personnelle de sa

[56] *Ibid.*, p. 201.
[57] Prouvé, V., *op. cit.*, p. 75.
[58] Jung, C.G., *Métamorphoses et symboles de la Libido*, cité par Prouvé, V., *op. cit.*, p. 70.
[59] Prouvé, V., *op. cit.*, p. 76.
[60] Jung, C.G. (2011), *Le livre Rouge*. (S. Shamdasani, Éd. ; C. Maillard, P. Deshusses, V. Liard, C. Maillard, F.

confrontation avec l'inconscient. Comme le remarque Prouvé, *« son but était à la fois personnel et scientifique : vivre cette confrontation et voir ce qui allait en sortir. »*[61] Nous ne pourrons malheureusement, dans le cadre restreint de ce travail, étudier cette œuvre grandiose de la « confrontation » directe de Jung avec son inconscient. Mais avec Prouvé nous pouvons tirer trois conséquences fondamentales pour la suite des œuvres du médecin zurichois :

> *« premièrement, elle amena Jung à comprendre le* rôle clé du moi conscient *en tant que lien avec la réalité partagée par tous – ce qui fait défaut dans la psychose -. Ensuite, il se forgea une opinion sur les rapports intervenant entre le conscient et l'inconscient, on le verra dans* la Dialectique du Moi et de l'inconscient*, et enfin, il découvrit l'autonomie de l'inconscient, sa réalité 'objective', et il le conçut loin de tout réductionnisme. »*[62]

Cette objectivité ou cette autonomie de l'inconscient se manifesta tout au long de sa confrontation, jusqu'en sa résolution annoncée, nous dit Prouvé, *« par les figures géométriques, les mandalas, qu'il dessinait, le plus souvent centrée et organisée autour d'un carré ou d'un cercle, et emplis de contenus ou de thèmes (intérieurs), qui s'ordonnaient grâce au dessin... »*[63] Il ne devait apprendre que plus tard que ces formes géométriques, ces mandalas, existaient dans d'autres cultures, ce qui renforça son intuition de l'existence d'une force ordonnatrice au sein de l'inconscient, au fondement des concepts de *fonction transcendante* et de *Processus d'Individuation* :

> *« C'est à partir de la création de ces formes et de leur découverte dans d'autres cultures, et chez d'autres personnes saines ou malades, que Jung découvrit l'existence dans le psychisme humain d'une force autonome d'ordonnancement, d'équilibration, qu'il*

Malkani et L. Portes, Trad. de l'allemand ; B. Dunner, avec le concours de J. Vieljeux et P. Crouzet, Trad. de l'anglais). Paris : L'iconoclaste.

[61] Prouvé, V., *op. cit.*, p. 76.

[62] *Ibid.*, p. 78.

[63] *Ibid.*, p. 79.

appela d'abord 'fonction transcendante', *et qu'il identifia plus tard comme* archétypes, *auquel il donnera le nom de* 'Soi', *porteur d'une fonction et d'un dynamisme interne à l'être humain, émanation du centre profond de son individualité et qui le pousse à devenir lui-même, à réaliser ce qu'il nommera* 'le processus d'individuation' *»*[64]

Comme nous venons de le voir, ce fut donc progressivement que se construisit et s'étaya le concept de *Processus d'Individuation* dans la pensée de Jung. Les évènements qu'il traversa l'amenèrent logiquement à cette théorisation fortement éloignée des perspectives freudiennes. Ce sont ces divergences qu'il nous faut maintenant étudier.

2.2 Les divergences théoriques

De ce qui précède, nous pouvons aisément comprendre la nécessité pour Jung de faire évoluer la perspective psychanalytique freudienne afin de répondre au mieux à l'exigence d'une élaboration théorique qui soit au plus près des faits constatés. Le premier concept à connaître une modification est sans conteste la conception de l'*inconscient*. De l'élargissement de l'inconscient personnel (freudien) en direction d'un inconscient *trans-personnel* (ou collectif), une nouvelle méthode analytique devait être développée : la méthode *constructive*. De celle-ci naît une autre approche dans l'interprétation des rêves : la technique de l'*amplification*. Enfin, l'ensemble devait forcément avoir un impact sur la notion centrale de la psychanalyse : la *Libido*. Tels furent les quatre modifications théoriques essentielles dans la théorie jungienne que nous allons passer en revue.

---

[64] *Ibid.*, p. 79.

2.2.1. Une nouvelle conception de l'inconscient : l'inconscient collectif

Il n'est que de nous rappeler l'expérience onirique de Jung de 1909 (la maison aux multiples niveaux, d'époques différentes, image de la *psyché globale*) et le « délire » du patient schizophrène (réactivant la mythologie de Mithra), parmi beaucoup d'autres productions oniriques ou délirantes relatées par Jung dans ses écrits, pour nous convaincre de la nécessité d'intégrer au concept d'inconscient personnel celui d'inconscient « collectif » ou « trans-personnel ». Celui-ci recèle, selon l'auteur, un contenu archaïque qui ne provient nullement d'un vécu personnel infantile[65] du sujet, mais d'un fond antérieur, hérité phylogénétiquement :

> *« Les fondements inconscients des rêves et des imaginations ne sont des réminiscences infantiles qu'en apparence. Il s'agit en réalité de formes de pensée primitives, voire archaïques, reposant sur des instincts (...). Mais elles ne sont, en elles-mêmes, nullement infantiles et absolument pas pathologiques (...) De même, le mythe, qui repose aussi sur des processus de pensée inconsciente, n'est pas du tout infantile (...) »*[66]

Et les contenus de cet inconscient collectif est de nature archétypique, c'est-à-dire des formes *a priori*, ou *instinctuelles*, des représentations psychiques. Nous verrons, dans le deuxième chapitre consacrée au *Processus d'Individuation*, comment ces archétypes se manifestent dans la vie psychique du sujet.

Quant à l'inconscient en tant que tel, comparant Freud à Jung, Prouvé nous donne de comprendre la divergence conceptuelle de ces auteurs :

> *« pour Freud, son modèle est le conscient, raisonnable (le Moi), l'inconscient étant le Ça, désordonné, sauvage, chaotique, qu'il faut maîtriser. Pour Jung, l'inconscient est lui aussi source*

[65] Les contenus de cet inconscient personnel sont les « complexes », comme nous l'avons vu plus haut.
[66] Jung, C.G., *Métamorphoses de l'âme et ses symboles*, cité par Prouvé, V., *op. cit.*, p. 69.

d'intelligence, d'apport positif, il est une ressource, il est un mode de penser en soi, mais différent. »[67]

C'est ce mode de penser différent que Jung n'aura de cesse de chercher à comprendre, car il perçoit intuitivement que ce fond inconscient recèle un but, une finalité.

> *« Il va comprendre*, nous dit Prouvé, *que ces motifs n'ont pas uniquement un aspect archaïque, 'dépassé', 'régressif' et 'infantile', mais sont des contenus typiques, permanents dans le psychisme humain, qui sont porteurs de dynamisme, et qui se renouvellent en permanence. »*[68]

C'est précisément ce dynamisme interne que veut atteindre la méthode analytique initiée par Jung : la méthode « constructive ».

2.2.2. Une méthode analytique : la méthode « constructive »

La méthode est dite « constructive » ou « synthétique » en regard de la méthode « régressive » ou « analytique » mise au point par Freud. La première se distingue de la seconde en ce qu'elle répond à la question de la *« fonction »* des images oniriques : *« Pour quoi ? Dans quel but ? »*[69] Tandis que la seconde répond à l'investigation causale : *« pourquoi ? D'où cela vient-il ? »* De ce fait, dans la perspective constructive,

> *« le symbole (c'est-à-dire l'image onirique ou le fantasme) n'est plus considéré sémiotiquement, comme signe dans une certaine mesure de pulsions élémentaires, mais bien* symboliquement, *au sens propre, 'symbole' exprimant le mieux possible un état de fait complexe et qui n'est pas encore clairement saisi par la*

[67] Prouvé, V., *op. cit.*, p. 46.
[68] *Ibid.*, p. 54.
[69] *Ibid.*, p. 68.

conscience. »[70]

Ainsi les symboles sont de véritables créations de l'inconscient, troisième terme issus de la dialectique entre le conscient et l'inconscient, ce que Jung appelle *la fonction transcendante*. Selon Prouvé, les symboles

> *« agissent comme de véritables ponts, créés par la mise en tension entre les deux opposés psychiques que sont le conscient et l'inconscient. Le symbole est synthétique et prospectif. C'est ainsi que la personne peut sortir du conflit en suivant les indications produites par la fonction transcendante, et les symboles produits spontanément par l'inconscient en permanence. »*[71]

L'inconscient recèle donc la possibilité de *« représentations inconscientes orientée vers l'avenir »*[72]. Jung parle, selon Prouvé, de la *« puissance prospective de combinaisons subliminales. »*[73]

Néanmoins, la méthode « constructive » finaliste, ne s'oppose pas à la méthode « analytique » causaliste, car elle respecte ces deux aspects de la réalité. Comme le disait Jung dans l'Appendice (1914) à la seconde édition du *« contenu de la psychose »* :

> *« C'est ainsi que nous devons comprendre aussi l'âme humaine. L'âme n'est que d'un côté une réalité* devenue*, qui est, comme telle, soumise au point de vue causal, mais d'un autre côté, l'âme est* en devenir*, et cet autre côté de l'âme ne peut être saisi que de façon* synthétique *et* constructive*. Le point de vue causal se borne à demander comment cette âme actuelle est devenue ce qu'elle est aujourd'hui. A l'opposé, la perspective constructive se demande comment jeter un pont*

[70] Jung, C.G. (1958). *La fonction transcendante*, in Jung, C.G. (1990). *L'âme et le Soi*. (C. Maillard, C. Pflieger-Maillard et R. Bourneuf, Trad.). Paris : Albin Michel, p. 158.
[71] Prouvé, V., *op. cit.*, p. 84.
[72] Prouvé, V., *op. cit.*, p. 48.
[73] *Ibid.*

entre cette âme ainsi devenue et son avenir ? »[74]

Mais pour découvrir le sens prospectif des contenus oniriques, une nouvelle voie d'interprétation des rêves devait être découverte : celle de l' « amplification ».

2.2.3. Une nouvelle appréhension des contenus oniriques : l' « amplification »

Reprenons encore le délire du patient du Burghölzli qui décrit la liturgie de Mithra. Comment ne pas être frappé par la proximité de ces productions spontanées avec les images et gestes symboliques de la mythologique ancienne ? Comment y déceler une trace uniquement personnelle du sujet ? L'image de la *psyché globale*, dans le rêve de Jung (1909), ne donne-t-elle pas la meilleure voie d'interprétation de ces productions surprenantes ? C'est à tout le moins le choix qu'a fait Jung, non sans résistances :

> *« Ce ne fut pas à la légère ni sans de longues hésitations que je fus obligé, enrichi par les enseignements qui émanaient des échecs, d'abandonner (...) l'orientation purement personnaliste de la psychologie médicale. Je dus d'abord me convaincre que 'l'analyse', dans la mesure où elle n'est que dissection, doit être nécessairement suivie d'une synthèse, et qu'il existe des matériaux psychiques dont la signification, dans une perspective strictement 'analytique', est à peu près nulle, alors qu'ils sont d'une grande plénitude de sens si au lieu de chercher à les décomposer, on les confirme dans leurs particularités et si on élargit même, grâce à tous les moyens conscients dont nous disposons, leurs allusion significatives : c'est la notion 'd'amplification'. Car les images ou les symboles de l'inconscient collectif en révèlent leur valeur qu'en*

[74] Jung, C.G. (1914). *Appendice : La compréhension psychologique de processus pathologiques.* In Jung, C.G. (2001). *Psychogenèse des maladies mentales.* (J. Rigal, Trad.). Paris : Albin Michel, p. 226.

tant qu'on les soumet à un traitement synthétique. Après que l'analyse a disséqué les matériaux imaginatifs symboliques en leurs composantes, le procédé synthétique doit aider à intégrer l'ensemble en une expression générale et compréhensible. »[75]

Cela requiert du thérapeute une connaissance aussi vaste que possible des significations des images collectives consignées dans la mythologie ou l'histoire des religions (cf le délire faisant référence à la liturgie de Mithra). Et Jung d'insister :

> *« Sans mythologie et sans histoire de la civilisation, nous ne découvririons pas le fin mot de la névrose et de la psychose. »*[76]
>
> Ainsi, *« pour Jung,* affirme Prouvé, *aider un malade mental ou un psychotique à sortir de sa maladie, passe par le fait de l'aider à comprendre la signification de ces images collectives qui ont un sens qui le dépasse, qui le saisissent et le 'possèdent' au plus haut point. »*[77] Et Prouvé de préciser le travail thérapeutique : *« Ce travail passe par le renforcement du Moi pour lui permettre ensuite de comprendre le sens de la compensation inconsciente qui s'exprime par ces images oniriques. »*[78]

La métamorphose progressive des images inconscientes archétypiques, que le thérapeute est appelé à suivre et à interpréter, dévoile une modification interne du dynamisme psychique qui ne peut être réductible au seul désir sexuel ou à la conservation moïque (du "Moi") thématisés par Freud. Au contraire, ce mouvement naturel, autorégulateur et finaliste, pointe en direction d'une signification plus profonde de la *Libido* : une signification énergétique.

---

[75] Jung, C.G (2011). *Psychologie de l'inconscient.* (R. Cahen, Trad.). Paris : Georg, p. 144-145.
[76] Lettre à Freud du 25 décembre 1909, citée par Prouvé, V., *op. cit.*, p. 100.
[77] Prouvé, V., *op. cit.*, p. 100.
[78] *Ibid.*, p. 100-101.

2.2.4. Une nouvelle conception de la Libido : « l'énergie vitale »

Pour Jung, la *Libido* ne peut être réduite à la dimension sexuelle. Le rêve de 1909 est assez éloquent à ce sujet. En effet, en quoi les différentes strates de la maison seraient-elles davantage l'expression d'un désir sexuel refoulé ou d'un désir de meurtre du père comme semble le suggérer Freud ? Jung ferait-il preuve de plus de naïveté ou d'une imagination par trop débordante en croyant y déceler les couches phylogénétiques de la *psyché* conservées dans un inconscient collectif, supra personnel ? Ajouté à cela son expérience en tant que médecin psychiatre auprès des patients psychotiques *« où*, comme le dit Prouvé, *c'est 'tout' qui est retiré de la réalité. 'Tout', c'est-à-dire tout 'l'intérêt' (et 'sexuel' et d'autoconservation : faim, soif, etc.) pour le monde extérieur, et aussi pour soi-même (exemple : l'autisme). »*[79] On ne peut que comprendre Jung dans sa volonté d'élargir le concept de *Libido*, car au fondement de toutes ces représentations collectives, où rien de personnel ne colore ces images archaïques, la sexualité ne saurait y être convoquée. Les désirs sexuels, en effet, nécessitent, par définition, une différenciation générique au fondement de la problématique œdipienne. Que reste-t-il lorsque tout est retiré (la sexualité et la conservation du Moi), dans une régression profonde de type psychotique, sinon l'énergie vitale à la source de toute existence ? C'est donc en toute logique que Jung identifiera la *Libido* à cette énergie fondatrice, originelle, proche du concept schopenhauerien de Volonté, qui, dans le décours de son incarnation progressive en un sujet, se manifeste en de multiples domaines, *« haine, faim, sexualité, religions, etc... »*[80]. C'est précisément ce qu'il affirme :

> *« emprunté d'abord à la vie sexuelle, la Libido est devenue un terme technique courant en psychanalyse, vu que ce concept est assez étendu pour englober la multiplicité inouïe des manifestations de la volonté, au sens de Schopenhauer, assez précis et significatif pour caractériser la*

[79] *Ibid.*, p. 41.
[80] Bair, D., *Jung*, *op. cit.*, p. 321.

nature propre de l'entité psychologique qu'il désigne... »[81]

La distance ave Freud est on ne peut plus claire.

Dans cette perspective énergétique et vitaliste de la *Libido*, Jung décèle, au cœur de ces manifestations libidinales polymorphes, un processus fédérateur, auto-organisationnel, auquel le Moi conscient se doit de participer activement par l'intégration des étapes de l'évolution psychique et la non-identification aux éléments dévoilés. Ce processus est ce que Jung appellera : le *Processus d'Individuation*, finalité et *« notion clé de toute* (sa) *psychologie... »*[82] Dans le prochain chapitre, nous nous proposons de suivre pas à pas la progression de ce dit *Processus d'Individuation* au cours de son évolution comme de ses manifestations particulières.

---

[81] Jung, C.G., *Métamorphoses et symboles de la Libido*, *op. cit*, p. 121.
[82] Jung, C.G., *Ma vie*, *op. cit.*, p. 244.

Chapitre II : Le processus d'individuation : schéma psycho-dynamique global

Issu de l'expérience clinique auprès de patients psychotiques et des évènements personnels survenus au cours de la vie de C.G. Jung, comme nous venons de le voir, le *Processus d'Individuation* constitue le point nodal de toute la psychologie analytique développée par le médecin psychiatre suisse. Une perspective finaliste se dégage clairement de ce modèle développemental non limité aux recherches « causales » des phénomènes pathologiques, par la méthode « déconstructive » ou « analytique » freudienne, mais intégrant et respectant davantage la dimension prospective des contenus inconscients manifestés dans les rêves ou les délires des patients. A cette fin, une méthode nouvelle était requise : la voie « constructive » ou « synthétique » qui rassemble en une cohérence dynamique les éléments épars de l'analyse, ce que Jung nomme le *Processus d'Individuation* dont le schéma global sera présenté dans la présente section.

Le *Processus d'Individuation*, témoin de l'évolution dialectique du rapport entre le Moi conscient et l'inconscient, comporte diverses étapes : le traumatisme ou la perte de l'équilibre psychique (1), la confrontation avec l'inconscient personnel : les *complexes* et la *persona* (2), la confrontation avec l'inconscient collectif : *anima-animus* (3), enfin l'élargissement de la personnalité comme conséquence de la dialectique du Moi et de l'Inconscient (4). Certes ces divers éléments d'évolution psychologique du patient ne se présentent pas de manière aussi découpée, tranchée, un certain tuilage pouvant en effet se constater. Toutefois chacune des étapes est repérable dans sa nature propre et ses caractéristiques principales.

1. L'individuation et le traumatisme ou la perte de l'équilibre

Nous pourrions nous étonner de voir l'auteur considérer le traumatisme ou la perte d'équilibre comme l'élément déclencheur nécessaire au *Processus d'Individuation*. Ces évènements douloureux ne constituent-ils pas un risque de déstructuration profonde de la *psyché*, terreau favorable aux pathologies les plus inquiétantes ? En réalité, selon Jung, une perte d'équilibre

> *« peut être quelque chose de salutaire puisque, grâce à elle, le conscient défaillant sera remplacé par l'activité automatique et instructive de l'inconscient. »*[83]

Cela était déjà vrai, dans une certaine mesure, dans l'approche freudienne puisque, grâce aux défaillances de la fonction transformatrice du Moi et de ses mécanismes de défenses, le sujet était tenu de prendre conscience, par le travail thérapeutique et les libres associations, des éléments traumatiques, non suffisamment intégrés par la fonction moïque, ni correctement refoulés par les mécanismes de défense, à l'origine des troubles comportementaux ou idéatifs. Nous pouvions déjà affirmer qu'une meilleure connaissance de soi, ainsi qu'un renforcement de la fonction transformatrice et intégratrice du Moi étaient le fruit du trauma ou du déséquilibre psychique passager. Mais pour Jung, le bénéfice est plus large encore : s'il s'agira effectivement de renforcer la fonction moïque, ce sera dans l'unique but de l'ouvrir à l'activité et aux messages de l'inconscient, dans un souci permanent d'écoute, dans la différenciation et l'intégration, des éléments perçus. Le trauma pointe en direction d'un autre équilibre, non situé dans la fonction unique du Moi, mais dans l'articulation plus harmonieuse du conscient et de l'inconscient, du Moi et du Soi comme nous le verrons. C'est pourquoi le médecin zurichois précise :

> *« le conscient défaillant sera remplacé par l'activité automatique et instructive de l'inconscient....pourvu que le*

[83] Jung, C.G. (2010). *Dialectique de Moi de l'inconscient.* (R. Cahen, Trad.). Saint-Amand: Gallimard, p. 92.

conscient soit en état d'assimiler les contenus produits par l'inconscient, c'est-à-dire de les comprendre et de les intégrer »[84]

Et ces contenus sont les « complexes », pour ce qui concerne l'inconscient personnel, et les « archétypes » pour ce qui est de l'inconscient collectif. C'est particulièrement à l'encontre de ces derniers que le Moi devra faire montre de prudence autant que d'accueil :

> *« Ainsi donc, nous voyons tout ce qui dépend de la possibilité qu'a ou n'a pas le conscient de comprendre l'inconscient collectif »*[85]

Précisons encore ce que Jung entend par « traumatisme ». Il ne s'agit nullement de simples « coups du sort » que chacun subit dans sa vie et *« qui se cicatrisent sans laisser de mutilations »*,[86] mais d'expériences

> *« dévastatrices, qui brisent totalement un être ou qui le rendent infirme de façon durable. »*[87]

Le traumatisme n'est donc pas une simple égratignure existentielle, mais un véritable effondrement, telle une banqueroute économique ou, peut-être une disgrâce professionnelle comme le médecin zurichois en a connue lui-même dans sa relation avec Freud, en 1912. Quoi qu'il en soit, aucune avancée ou maturation individuante ne semble s'opérer sans une cuisante épreuve venant ébranler une personnalité par trop adaptée, fondée sur le principe d'imitation, socle de la vie sociale. Comme le fait remarquer Jung,

> *« la vie psychologique et sociale des groupes ne saurait se passer de l'imitation : sans elle, pas d'organisation des masses, pas d'Etat, ni d'ordre possible. Car ce n'est pas la loi qui fait l'ordre et*

---

[84] *Ibid.*, p. 93.
[85] *Ibid.*
[86] *Ibid.*, p. 97.
[87] *Ibid.*

la structure sociale, mais bel et bien l'imitation, notion dans laquelle il faut inclure la suggestibilité, la suggestion et la contagion mentale. »[88]

Or l'individuation *« est une nécessité psychologique tout à fait inéluctable »*[89] qui requiert une prise de distance par rapport aux pressions sociales tendant à l'anéantir ou à tout le moins à le déforcer. Un grand soin et beaucoup de peine sont donc nécessaires *« afin de découvrir ce qu'il y a, au fond, d'individuel en chacun. »*[90]

2. L'individuation et la confrontation à l'inconscient personnel : la *persona* et les *complexes*

La *persona* est une individualité factice adoptée par un sujet dans son désir de correspondre aux attentes sociales qui constituent et structurent son environnement. Elle est néanmoins une combinatoire entre un individu particulier et des données de la psyché collective, au sens social du terme. En effet,

la *« persona n'est qu'un masque ...des données et des impératifs de la psyché collective »*[91], mais en elle *« réside déjà quelque chose d'individuel »*[92]

En vérité, le Soi inconscient s'y exprime déjà, commençant à déployer son activité, en imprégnant les rêves de matériaux archétypiques, au départ sur le mode compensatoire :

« L'influence du Soi se manifeste tout d'abord dans la nature particulière des éléments de l'inconscient qui, par exemple dans les

---

[88] *Ibid.*, p. 78.
[89] *Ibid.*, p. 77-78.
[90] *Ibid.*, p. 79.
[91] *Ibid.*, p. 84.
[92] *Ibid.*, p. 85.

rêves, viendront compenser et contrebalancer la situation consciente. »[93]

La prise de conscience de ces images archaïques, principalement de type mythologique, a pour effet le déplacement de la conscience en direction des données inconscientes et archétypique du Soi, d'où la diminution de la position dominante du Moi :

> *« A mesure que l'inconscient collectif gagne en influence, le conscient perd sa position dominante de puissance dirigeante. Insensiblement, de celui qui guidait, il devient celui qui est guidé, un processus inconscient et personnel assumant progressivement la direction. »*[94]

De cette manière, l'hégémonie du Moi conscient diminuant, les *complexes*, éléments refoulés ou l'*ombre*[95] de la personne, et la *persona* perdent leur pouvoir contraignant.

Toutefois, face à cette expérience trans-personnelle, le Moi doit éviter deux écueils possibles : *la reconstitution régressive de la persona* et *l'identification avec la psyché collective.* Le premier danger serait celui de la régression en direction d'une personnalité amoindrie, se soumettant aux exigences environnementales.

> Ainsi *« sous le coup de la frayeur, cet homme a comme glissé à reculons à un stade antérieur d'épanouissement de sa personnalité ; Mais si ce stade avait eu valablement son heure, il l'avait dépassé depuis longtemps ; et il se trouve maintenant comme*

---

[93] *Ibid.*

[94] *Ibid.*, p. 90.

[95] *« ...comme nous avons l'habitude de taire avec une pudeur inflexible cet autre côté de nous-mêmes (...), et comme, si nos 'faiblesses' viennent à être découvertes, nous n'avons plus que la possibilité de les avouer et de nous en repentir, la seule solution et la seule méthode d'éducation en honneur de nos jours consistent à opprier et à refouler nos faiblesses autant que faire se peut, ou à tout le moins , à les déroer aux ueix du public. Ce faisant, nous demeurons Gros-Jean comme devant. »* (Jung, CG. [2010]. *Dialectique de Moi de l'inconscient.* [R. Cahen, Trad.]. Saint-Amand: Gallimard, p. 171-172).

rapetissé, rabougri, se donnant l'apparence que les choses se passent comme elles auraient dû se passer avant l'expérience critique. »[96]

Le second danger a trait, quant à lui, à l'absorption ou la dissolution du Moi par identification à la *psyché* collective. Le résultat est tout aussi néfaste : *« l'indépendance, l'autonomie de l'individualité ne peuvent pas ne pas subir des dommages. »*[97] Le Moi se gonfle de présomption et est atteint par la folie des grandeurs ou la mégalomanie, comme nous le verrons dans la seconde partie de cette étude, avec le cas de Friedrich Nietzsche.

Dans ces deux éventualités, s'opère une dépersonnalisation partielle du sujet, une aliénation de soi-même, *« tantôt au profit d'un rôle extérieur, tantôt au bénéfice d'une importance imaginée ou imaginaire. »*[98] Le *Processus d'Individuation* consistera donc en la différenciation du Moi de la *persona* autant que des *images primordiales* (aspect collectif de la *persona*), en une intégration progressive de l'appareil complexuel ou nos ombres, qui ne seront dès lors plus projetées. « Intégration » et « différenciation », tels sont les maîtres mots d'un *Processus d'Individuation* véritable. Jung affirme en effet :

> *« tel ou tel complexe se rapprochera du conscient au point que celui-ci ne le ressentira plus comme lui étant étranger, mais comme lui appartenant en propre* (intégration). *Toutefois, ce sentiment d'appartenance n'ira pas en général jusqu'à incorporer et intégrer le complexe en cause dans les contenus subjectifs de la conscience* (différenciation). *Le contenu complexuel demeure en quelque sorte entre l'inconscient et le conscient comme dans un clair-obscur ; il est ressenti, certes, par le sujet, d'une part comme appartenant à sa conscience ou ayant des affinités avec elle ; mais d'autre part il reste une existence autonome qui, en tant que telle,*

---

[96] *Ibid.*, p. 98.
[97] *Ibid.*, p. 111.
[98] *Ibid.*, p. 115-116.

peut s'opposer au conscient ou qui, en tout cas, n'obéit pas nécessairement aux intentions subjectives. »[99]

3. L'individuation et la confrontation avec l'inconscient collectif

3.1. Archétypes « anima » - « animus »

Au cœur du *Processus d'Individuation*, dans cette interface entre le monde de l'inconscient personnel, rencontré dans la confrontation avec *l'ombre*, et le vécu personnel du sujet, apparaît, comme nous l'avons signalée dans la section précédente, les figures de l'*anima* et de l'*animus*. Ceux-ci sont au monde des archétypes ce que la *persona* était au monde environnemental et social. En effet, de même que la *persona* permettait au sujet de s'adapter au monde extérieur, à son environnement proche, de même l'*anima* et l'*animus* introduit maintenant, respectivement l'homme et la femme, dans le monde particulier des instances trans-personnelles ou archétypique, sous l'influence du Soi. Ce rôle primordial dévolu à ces instances justifie le fait que l'on s'y arrête quelque peu afin de cerner au plus près la fonction centrale de même que les influences potentiellement délétères que peuvent jouer ces figures archétypiques.

3.1.1. De l'anima ou l'élément féminin en l'homme

Selon Marie-Louise von Franz,

> *« l'anima est la personnification de toutes les tendances psychologiques féminines de la psyché de l'homme »* et de citer en exemple : *« les sentiments et les humeurs vagues, les intuitions prophétiques, la sensibilité à l'irrationnel, la capacité d'amour personnel, le sentiment de nature, et enfin, mais non des moindres, les relations avec l'inconscient. »*[100]

---

[99] *Ibid.*, p. 140.
[100] von Franz, M.-L. (1964). *Le processus d'individuation,* in *L'homme et ses symboles*. Paris : R. Laffont. p. 177.

Si ces aspects énumérés par l'auteur sont les caractéristiques principales des représentations féminines de la psyché de l'homme, on ne peut s'étonner qu'elles s'enracinent prioritairement, dans la relation introjectée à la mère. L'auteur affirme en effet,

> *« dans ses manifestations individuelles, le caractère de l'anima est en général déterminé par la mère. »*[101] Et l'auteur de préciser : *« si l'homme a le sentiment que sa mère a eu sur lui une influence négative, son anima s'exprimera par de l'irritabilité, des dépressions, de l'incertitude, une impression d'insécurité, de la susceptibilité. »*

Son caractère sera alors « morose », il manifestera *« la crainte des maladies, de l'impuissance, des accidents. Toute la vie prend un aspect triste et oppressant. »*[102] Il est à remarquer que d'autres manifestations négatives de l'anima se trouvent également, d'une part dans la *« propension à faire des remarques acérées, venimeuses, efféminées, qui dévalorisent tout »*[103], distorsion de la réalité et destruction sont alors les tendances d'une anima négative ; d'autre part dans les discussions pseudo-intellectuelles et névrotiques

> *« qui empêchent l'homme d'entrer en contact avec la vie réelle et les décisions effectives. L'homme dans ce cas médite tellement sur la vie qu'il ne vit plus et perd toute spontanéité, toute faculté de s'épancher. »*[104]

Si l'*anima* peut revêtir des aspects manifestement délétères et exercer une influence néfaste tant sur la psyché que dans la vie de l'homme, elle est appelée néanmoins à jouer un rôle central dans l'émancipation de l'identité particulière

---

101 *Ibid.*, p. 178.
102 *Ibid.*
103 *Ibid.*, p. 179.
104 *Ibid.*

de l'individu : Trouver l'épouse qui convient, discerner les faits dissimulés dans l'inconscient, ouvrir l'accès aux vraies valeurs intérieures, à son être profond, telles sont en substance les fonctions fondamentales de l'*anima*. En d'autres termes, elle s'avère être le « guide » intérieur de l'homme, et son aspect négatif n'avait, en définitive, pour unique but que

> *« d'obliger l'individu à développer et amener à maturation son être propre en intégrant une plus grande partie de sa personnalité inconsciente dans sa vie active consciente. »*[105]

Car, tout comme l'ombre, elle a une propension réelle à être projetée hors de soi, de sorte qu'autrui apparaît comme enté des qualités de l'*anima*. Ceci explique notamment le phénomène du « coup de foudre ».

Mais la raison principale pour laquelle l'*anima* est essentielle dans le bon développement du *Processus d'Individuation*, est qu'elle joue un rôle de « guide » intérieur pour l'homme : *« l'anima assume un rôle de guide, de médiateur, entre le Moi et le monde intérieur, le Soi »*[106]nous dit M.-L. von Franz, telle la Béatrice de Dante ou la déesse Isis dans le conte *« l'âne d'or »* d'Apulée[107]. De telles figures peuvent apparaître dans l'activité onirique et doivent être intégrée dans la vie concrète du rêveur. Ainsi, l'*anima* devient capable d'assumer cette fonction de guide dans la mesure où *l'homme,*

> *« se penchant sérieusement sur les sentiments, les humeurs, les désirs, les images que lui inspire l'anima, leur donne une forme, par exemple littéraire, picturale, plastique, musicale, ou chorégraphique. Lorsqu'il s'applique patiemment et longuement, d'autres suggestions plus profondes émergent du fond de l'inconscient, complétant les premières. Une fois qu'une image a reçu une forme spécifique, il reste à l'examiner d'un point de vue à*

---

[105] *Ibid.*, p. 180.
[106] *Ibid.*
[107] Apulée, *l'âne d'or ou les Métamorphoses*. (Grimal, P., Trad.). Malesherbes : Gallimard, 2011.

la fois intellectuel et éthique, et à l'évaluer affectivement. »[108]

Et l'auteur d'insister sur l'importance de considérer l'image comme « réelle » et d'appliquer cette technique d'imagination pendant une longue période, de sorte que

> *« le Processus d'Individuation* (devienne) *progressivement l'unique réalité et* (puisse) *alors s'épanouir pleinement dans sa forme authentique. »*[109]

Il est à signaler que l'image de l'*anima* connaît également une métamorphose progressive. Jung distingue quatre stades, ou degrés d'évolution de l'*anima* : le premier stade est l'image érotique où l'*anima* se présente dans sa forme purement instinctuelle, biologique. Elle pourrait être symbolisée par la figure d'Eve, nous dit M.-L. von Franz. Le second stade est l'image romantique, esthétique, comprenant encore des éléments sexuels. Cette seconde figure peut être symbolisée par Hélène de Faust. Le troisième niveau de l'*anima* est celui de l'amour (Eros) qui *« atteint à l'altitude de la dévotion spirituelle »*[110], il est symbolisé par la figure de la Vierge Marie. Enfin, le dernier stade est celui de la Sagesse *« qui transcende même la sainteté et la pureté »*[111] dont l'image la plus proche, selon M.-L. von Franz, est la Mona Lisa de de Vinci. Ainsi, au cours de ce processus évolutif intérieur,

> *« l'anima devient ce qu'elle était initialement, 'la femme dans l'homme', qui transmet les messages essentiels du Soi. »*[112]

---

[108] von Franz, M.-L., *op. cit.*, p. 186.
[109] *Ibid.*
[110] *Ibid.*, p. 185.
[111] *Ibid.*
[112] *Ibid.*, p. 188.

3.1.2. De l' « animus » ou l'élément masculin en la femme

L'animus quant à lui, désigne, dans la pensée jungienne, la personnification masculine dans la psyché inconsciente de la femme. Influencé par l'image introjectée du père, *l'animus* se manifeste le plus souvent chez la femme *« sous forme d'une conviction cachée et 'sacrée' »*. Aussi lorsqu'une femme *« se met à prêcher une telle conviction d'une voix fore, insistante, masculine, ou qu'elle cherche à l'imposer par des scènes violentes, on y reconnaît aisément la masculinité souterraine. »*[113] Ce sont des sentences obstinées, froides, inaccessibles, des vérités générales que l'on ne *« peut que rarement contredire »*. Un tel *animus* peut détourner *« la femme de toutes relations humaines, et plus particulièrement, de tout contact avec les hommes »*[114] ou nourrir en elle des attitudes *« secrètement destructrices »* ainsi que cela transparaît dans certains contes comme Barbe-bleue par exemple. Et M.-L. von Franz de conclure,

> *« une étrange passivité, une paralysie de tous les sentiments, ou une insécurité profonde qui peut mener au sentiment du néant, naît parfois des opinions inconscientes de l'animus. »*[115]

Le grand danger est alors de s'identifier à ces pensées, à ces sentiments. La femme est comme

> *« possédée par le personnage inconscient, et ce n'est que lorsque cet état de possession cesse que l'on se rend compte avec horreur avoir dit et fait des choses diamétralement opposées à ses pensées et ses sentiments réels, qu'on a été le jouet d'un facteur psychique étranger. »*[116]

Toutefois, si l'*animus* peut comporter un aspect négatif, il peut également, comme l'*anima*, jouer un rôle extrêmement important :

---

[113] *Ibid.*, p. 189.
[114] *Ibid.*, p. 191.
[115] *Ibid.*
[116] *Ibid.*, p. 193.

« il peut aussi jeter un pont vers le Soi grâce à une activité créatrice. »[117]

En effet, si la femme se rend compte de la nature de son *animus « et de l'influence qu'il exerce sur elle, et si elle affronte sa réalité au lieu de se laisser posséder par lui, il peut devenir un compagnon intérieur précieux, qui lui communiquera les qualités masculines d'initiative, de courage, d'objectivité, et de sagesse spirituelle. »*[118]

Ces qualités apparaîtront progressivement, selon le degré d'évolution du processus de maturation interne et, tout comme l'*anima*, quatre figures spécifiques se dégageront : la première est celle de l'athlète *« comme la personnification de la simple force physique »*, symbolisé par la figure de Tarzan ; la seconde est caractérisée par *« l'esprit d'initiative et la capacité d'agir d'une façon organisée »*. Son symbole est l'homme d'action, Ernest Hemingway, héro de la guerre, chasseur… ; la troisième se présente *« sous les traits d'un professeur ou d'un prêtre »* manifestant le *« verbe » et* symbolisé par la figure de Lloyd George, l'orateur politique par excellence ; enfin *« dans sa quatrième manifestation l'animus est l'incarnation de la Pensée. »*[119]Le symbole de cette figure n'est autre que le Mahatma Gandhi, figure spirituelle de sagesse et de vérité. L'animus parvenu à ce stade donne alors à la femme *« une fermeté spirituelle, un soutien intérieur invisible, qui compensent sa faiblesse apparente »*[120] Elle devient, sous l'action de l'*animus* intégré et conscient, réceptive aux idées créatrices nouvelles eu égard à l'évolution spirituelle de son époque. Tout comme pour l'homme, la femme doit œuvrer en direction de l'intégration et de la différenciation de l'*animus*, empêchant toute possession des sentences intérieures absolues et irrévocables, condition sine qua non de l'assimilation des suggestions de l'inconscient.

---

[117] *Ibid.*
[118] *Ibid.*, p. 194.
[119] *Ibid.*
[120] *Ibid.*

« C'est seulement alors que le Soi peut se manifester et quelle devient capable de comprendre ses intentions. »[121]

En définitive, de même qu'une distinction entre le Moi conscient et les exigences de la *persona* était nécessaire pour favoriser l'émancipation de la véritable individuation ; de même la différenciation d'avec l'*anima-animus* et ses injonctions intérieures s'avère inéluctable :

« de même que je puis distinguer ce que ma fonction exige et attend de moi de ce que je veux, je puis apprendre à faire la distinction entre ce que je veux et ce que mon inconscient a tendance à m'imposer. »[122]

Mais l'œuvre d'individuation, en ce domaine, se fait plus ardue en ce que l'*anima* et l'*animus* sont essentiellement inconscients. Un tel travail requiert du sujet un surcroît d'effort ainsi qu'une technique particulière. C'est cette technique que l'auteur nomme *« l'imagination active »*.

3.1.3. La technique de « l'imagination active »

En quoi consiste cette technique ? Elle comporte, dans un premier temps, la prise au sérieux des deux mondes qui enserre le Moi : le monde extérieur et le monde intérieur :

« Si, en effet, le monde extérieur ne me semble être qu'une fantasmagorie évanescente, il est certain que je ne m'astreindrai pas aux sérieux efforts nécessaires pour établir avec lui le système compliqué de relations et d'adaptations indispensables. Et de même, pour la polarité inverse, l'idée que 'ce n'est qu'un songe creux' ne pourra m'inciter à voir dans les manifestations de mon

[121] *Ibid.*, p. 195.
[122] *Ibid.*, p. 161.

anima *que des faiblesses stupides et sans intérêt. »*[123]

Le rapport du Moi conscient au monde extérieur étant naturel et spontané dans la mentalité occidentale, l'effort devra porté davantage sur la dimension intérieur et la prise en compte des éléments se révélant. Dans ce but, l'auteur nous invite à *objectiver* l'*anima* (ou l'*animus*), à en faire une personnalité autonome et ainsi entrer en dialogue avec celle-ci (celui-ci) :

> *« on transforme ainsi l'humeur en objet observable, au lieu de la laisser s'emparer du sujet qu'elle domine. Le malade aura à faire en sorte que son état d'âme dialogue avec lui ; son humeur devra lui révéler et lui préciser comment et de quoi elle est faite, et en fonction de quelles analogies fantasmatiques on pourrait tenter de la cerner et de la décrire. »*[124]

Le bénéfice à retirer de cette attitude n'est pas négligeable : *« la personnalité de l'*anima *se trouve reconnue et acceptée et une relation entre le Moi et l'*anima *devient possible. Plus cette relation se fait intime et personnelle, mieux cela vaut. »*[125] Et l'auteur d'insister :

> *« il faut élever ce dialogue avec l'*anima *à la hauteur d'une véritable technique. »*[126]

Technique de dialogue intérieur, comme lorsqu'on se parle à soi-même, cette confrontation du Moi et de l'inconscient permet d'éprouver dans une expérience vivante les fantasmes inconscients dévoilés plus efficacement que par l'interprétation langagière ne s'adressant qu'au conscient rationnel. C'est pourquoi, selon Jung,

---

[123] *Ibid.*, p. 174.
[124] *Ibid.*, p. 209.
[125] *Ibid.*, p. 177.
[126] *Ibid.*, p. 178.

> *« l'essentiel n'est pas en premier lieu l'interprétation et la compréhension des fantasmes ; cela est important certes, mais l'essentiel est d'en acquérir mentalement une expérience vivante. »*[127]

Dans ce dialogue intérieur, ce que l'auteur nomme par ailleurs *« dialectique du Moi de l'inconscient »*, le sujet se trouve engagé consciemment dans ce rapport expérientiel et vivant, réagissant volontairement à l'interlocuteur intérieur, comme au sein d'un vécu humain :

> *« par vécu humain, j'entends une expérience au sein de laquelle la personne de l'auteur ne serait pas seulement passivement incluse dans sa vision, mais au cours de laquelle l'auteur agirait et réagirait en pleine conscience face aux personnages de sa vision...une confrontation réelle avec l'inconscient exige de la part de l'individu un effort de conscience et un point de vue conscient ferme, capable de s'opposer à l'inconscient et de parlementer avec lui. »*[128]

Cette technique en forme de dialogue du Moi conscient et de l'inconscient est ce que Jung appelle *l'imagination active*, dialogue ou dialectique du Moi avec l'inconscient personnifié.

3.1.4. La liquidation de l'anima et de l'animus

Nous l'avons compris, le but de cette dialectique établie par l'imagination active n'est autre que l'audace de laisser parler l'*anima* (*animus*) :

> *« tout l'art de ce dialogue intime consiste à laisser parler, à laisser accéder à la 'verbalisation' le partenaire invisible, à mettre*

[127] *Ibid.*, p. 203.
[128] *Ibid.*, p. 204.

en quelque sorte à sa disposition momentanément les mécanismes de l'expression, sans nous laisser accabler par le dégoût que l'on ressent naturellement vis-à-vis de soi-même au cours de cette procédure qui semble un jeu d'une absurdité sans limite, et sans non plus succomber aux doutes qui nos assaillent à propos de l' 'authenticité' des paroles de l'interlocuteur intérieur. »[129]

Dégoût, absurdité, doute, tels sont les réactions spontanées, ou résistances, qui se manifestent à l'endroit de ce dialogue intime. L'esprit occidental n'est pas à l'aise dans cette attitude d'ouverture à *« l'autre côté »* de la réalité. Formé à la rationalité scientifique, il éprouve une certaine crainte infantile à l'égard de ce monde invisible, comme le primitif ou l'enfant à l'égard du monde environnant. Et Jung de renchérir,

« il faut bien avouer que la peur de l'« autre côté » est fondée dans la mesure où notre conception rationnelle des choses, avec ses sécurités morales et scientifiques, auxquelles on s'accroche avec tant de passion (précisément parce qu'elles sont douteuses), se trouve ébranlée par les données qui proviennent de l' « autre côté. »[130]

Mais si le « laisser parler » est primordiale, c'est parce qu'il permet de *« libérer la libido de l'inconscient (...) en amenant à la conscience les images fantasmatiques dans lesquelles elle est incluse. C'est pourquoi, en pareil cas, il y a lieu, dans un but thérapeutique, de donner à l'inconscient l'occasion de laisser émerger à la conscience les fantasmes qui s'agitent momentanément en lui. »*[131]

---

[129] *Ibid.*, p. 179.
[130] *Ibid.*, p. 182.
[131] *Ibid.*, p. 207.

Cette maïeutique psychologique est fondamentalement thérapeutique, mais elle requerra de la part du sujet, et avec l'aide du thérapeute en situation analytique, un regard critique et conscient sur les données qui se révèlent. Il ne s'agira en aucun cas de se laisser envahir, encore moins de s'identifier aux données fantasmatiques qui se livrent et se dévoilent à la conscience. « Soupeser » les dires de l'inconscient et entamer la discussion jusqu'à ce qu'une solution satisfaisante soit trouvée, tels sont les impératifs qui président au travail du Moi conscient. Jung affirme en effet que

> *« les thèses et les antithèses (doivent) être confrontées les unes avec les autres jusqu'à ce que la discussion ait engendré la lumière et acheminé le sujet vers une solution satisfaisante. »*[132]

Et c'est le « sentiment subjectif » qui décidera de la validité de la solution. Aussi l'auteur précise que

> *« cette technique de l'éducation de* l'anima *présuppose une honnêteté et une loyauté pointilleuses à l'adresse de soi-même, et un refus de s'abandonner de façon prématurée à des hypothèses concernant les* desiderata *ou les expressions à attendre de 'l'autre côté' »*[133]

En somme tout ce cheminement psychique s'oriente vers une adaptation du Moi conscient au monde intérieur.

> *« La non-adaptation à notre cosmos intérieur est une lacune susceptible d'avoir des conséquences tout aussi néfastes que l'ignorance et l'incapacité dans le monde extérieur. »*[134]

Et cette adaptation par la prise de conscience des données internes et par l'ouverture à l'action des archétypes de l'*anima* et de l'*animus*, permet du même

---

[132] *Ibid.*, p. 181.
[133] *Ibid.*
[134] *Ibid.*, p. 185.

coup leur liquidation. En effet,

> *« nous entrevoyons la possibilité de détruire sa personnification* (anima – animus) *en la transformant, grâce à la prise de conscience, en une manière de passerelle qui mène vers l'inconscient. C'est parce que nous ne les utilisons pas consciemment et intentionnellement comme fonctions que l'*anima *et l'*animus *sont encore des complexes personnifiés… La confrontation doit amener leurs contenus au grand jour, et ce n'est que lorsque ce travail aura suffisamment progressé, ce n'est que lorsque le conscient aura acquis une connaissance suffisante des processus de l'inconscient qui s'expriment et se reflètent dans l'*anima *que celle-ci pourra être ressentie comme une simple fonction. »*[135]

C'est l'unique voie par laquelle le Moi puisse ôter aux archétypes de l'*anima* et de l'*animus* leur toute-puissante fascination :

> *« par ce processus, l'*anima (comme l'animus) *se verra privée de sa puissance démoniaque de complexe autonome, c'est-à-dire qu'ayant comme perdu son potentiel et en particulier de son potentiel d'envoûtement, elle ne sera plus en état d'exercer de fascination, de possession…elle sera une fonction psychologique de nature intuitive… »*[136]

3.2. La confrontation aux Archétypes : conséquences

Parvenu à cette étape du processus d'individuation, le Moi rencontre les manifestations numineuses et fascinantes des archétypes, formes *a priori* ou *instinctuelle* de la *psyché*, transcendant toute représentation particulière. Jung définit en ces termes ces contenus de l'inconscient collectif :

---

[135] *Ibid.*, p. 198.
[136] *Ibid.*, p. 234.

> il s'agit d'une *« forme préexistante et inconsciente qui semble faire partie de la structure hérité de la psyché et peut par conséquent se manifester spontanément partout et en tout temps »*[137], notamment et abondamment dans *« les mythes et les contes de la littérature universelle »*[138].

Cette expérience archétypale fascinante se solde toujours par un changement notoire dans la l'identité du sujet et dans le rapport du Moi à l'inconscient : une modification de la personnalité s'y fait jour, un déplacement du centre de gravité psychique en direction du Soi se manifeste, et le déploiement de la *personnalité mana*, dont le sujet devra également se défaire, constitue l'ultime étape d'une individuation réussie.

3.2.1. Une modification de la personnalité

L'effort prodigué par le sujet dans sa confrontation avec l'inconscient, par l'accueil et la prise de conscience du vécu émotivo-fantasmatique inconscient dévoilé par l'*anima* et de l'*animus*, entraînent diverses conséquences. Jung en cite trois :

> *« 1° un élargissement de la conscience (d'innombrables contenus inconscients devenant conscients) ; 2° un démantèlement de l'influence dominante et excessive de l'inconscient sur le conscient ; 3° - qui résulte du 1° et du 2° - une modification de la personnalité. »*[139]

Ce changement s'opère en réalité sur le mode d'un équilibrage des fonctions psychiques. Celles qui furent auparavant inférieures et reléguées dans l'inconscient se voient maintenant prise en considération et exercées

---

137 Jung, C.G., *Ma vie, op. cit.*, p. 453.
138 *Ibid.*
139 Jung, C.G., *Dialectique du Moi et de* l'inconscient, *op. cit.*, p. 215.

consciemment. Jung dit en effet,

> *« grâce à la prise de conscience et à l'expérience vivante des imaginations, les fonctions inconscientes et inférieures se trouveront assimilées au conscient : ce processus n'est pas sans avoir pour conséquence les effets les plus profonds sur l'attitude du conscient. »*[140]

De ce fait, cette modification de la personnalité n'est autre qu'un élargissement de la conscience en direction de l'inconscient personnel et collectif. C'est précisément cette dynamique interne de croissance que l'auteur nomme *« fonction transcendante »* :

> *« j'ai appelé cette modification qui résulte de la confrontation de l'individu avec son inconscient* fonction transcendante. *»*[141]

L'élargissement de la conscience est également signe d'un déplacement du centre de gravité psychique réalisé.

3.2.2. Déplacement du centre de gravité psychique

Par le rapprochement du conscient et de l'inconscient, l'hégémonie du Moi conscient s'en trouve diminuée. Détrôné de la position centrale, il devient une fonction d'intégration dont le centre de gravité psychique se trouve déplacé en direction de l'inconscient, à mi-chemin entre le conscient et l'inconscient. Ce point gravitationnel de la personnalité élargie est ce que Jung appelle le « *Soi* ». Il dit en effet :

> *« Imaginons-nous le conscient avec son centre qui est le Moi, dans sa confrontation avec l'inconscient ; cette confrontation entraîne un processus d'assimilation de l'inconscient ; nous*

[140] *Ibid.*
[141] *Ibid.*, p. 216.

pouvons nous représenter cette assimilation comme une manière de rapprochement entre le conscient et l'inconscient, rapprochement à la suite duquel le centre de la personnalité globale ne coïncidera plus avec le Moi, mais sera figuré par un point qui se trouvera à mi-chemin entre le conscient et l'inconscient. Ce point sera le centre de gravité du nouvel équilibre et correspondra à un recentrage de la personnalité globale. »[142] Et l'auteur de préciser : *« j'ai appelé ce fameux centre de la personnalité le Soi. »*[143]

Précisons quelque peu cette notion nouvelle du « Soi ». Il s'agit pour Jung de la totalité psychique incluant le conscient et l'inconscient et, de ce fait, inconnaissable en lui-même.

> *« Intellectuellement,* dit-il, *le Soi n'est qu'un concept psychologique, une construction qui doit exprimer une entité qui nous demeure inconnaissable, une essence qu'il ne nous est pas donné de saisir parce qu'elle dépasse, comme on le pressent dans sa définition, nos possibilités de compréhension. »*[144]

L'intégration de l'inconscient confère à la conscience ainsi élargie un fondement ou un soubassement plus sûr, *« grâce à sa position centrale et privilégiée entre le conscient et l'inconscient. »*[145] Mais de ceci peut résulter l'identification à une *personnalité mana*[146] dont la différenciation constitue la dernière étape du processus d'émancipation d'une individuation réussie.

---

[142] *Ibid.*, p. 221-222.
[143] *Ibid.*, p. 255.
[144] *Ibid.*
[145] *Ibid.*, p. 222.
[146] Le terme mélanésien "mana" désigne : *« une puissance extraordinairement agissante émanant d'un être humain, d'un objet d'un acte, d'un évènement, ou d'êtres et d'esprits surnaturels. Peut signifier aussi : santé, prestige, pouvoir magique et pouvoir de guérison. Concept primitif de l'énergie psychique. »* (Jung, C.G., *Ma vie, op. cit.*, p. 458)

3.2.3. La personnalité mana

Qu'est ce qu'une personnalité mana ? Il s'agit d'une personnalité qui a pris à son compte la puissance archétypique de l'*anima* :

> *« Dans la mesure où le Moi semble prendre à son compte la puissance qui appartenait à l'*anima*, il devient par le fait même directement porteur de* mana, *une* personnalité mana. *»*[147]

C'est donc la prédominance de l'archétype sur le Moi qui contraint ce dernier à n'être qu'un masque (comme la *persona* dans le domaine social) d'une dimension collective et donc engendre une réduction de la personnalité réelle et individuée :

> *« la possession du Moi par un archétype transforme un être et l'oblige à n'être qu'une figure collective, une sorte de masque, derrière lequel l'humain ne peut se développer mais s'atrophie. »* d'où la mise en garde sévère : *« C'est pourquoi il faut rester conscient du danger qui consisterait à succomber à la dominante et à la force attractive qui émanent d'une* personnalité mana. *»*[148]

Comment dès lors échapper à cette toute-puissance des archétypes ou images primordiales ? La solution reste toujours identique : depuis le début de l'évolution d'individuation, il s'agira toujours d'opérer une différenciation des données inconscientes du Moi conscient réel. Ainsi,

> *« le Moi ne peut se défendre qu'en prenant une conscience complète de sa faiblesse ou de son dénuement en face des puissances de l'inconscient et en se les avouant. Par cette attitude, la rencontre avec l'inconscient n'est pas située sur le plan de la force, et celui-ci ne réagit point comme s'il était provoqué. »*[149] Et l'auteur de

[147] *Ibid.*, p. 246.
[148] *Ibid.*, p. 248.
[149] *Ibid.*

renchérir : *« En différenciant le Moi de l'archétype incarné par une* personnalité mana, *on est obligé – comme auparavant dans le cas de l'*anima *– de prendre conscience des contenus inconscients qui étaient spécifiquement inhérents à la* personnalité mana. *»*[150]

En définitive, « intégration » et « différenciation » définissent l'attitude fondamentale qui préside à l'ensemble du *Processus d'Individuation.* De la *persona* à l'*ombre*, de l'*anima-animus* aux archétypes, l'émancipation d'une personnalité totale signifie en creux l'harmonisation progressive et consciente des différentes couches psychiques, personnelles et collectives, sur le mode d'un accueil prudemment différencié. Ce mouvement spontané est, rappelons-le, initié par un trauma aussi douloureux que salutaire qui confère à l'ensemble du processus une valeur de résolution de la problématique. Peut-on dès lors attribuer au *Processus d'Individuation* une qualité heuristique d'auto-organisation psychique et par conséquent une valeur clinique à ce modèle développemental ? C'est ce qu'il nous faudra considérer dans la seconde partie de cette étude.

---

[150] *Ibid.*, p. 249.

Conclusion de la 1ère partie : aspect théorique

Parvenu au terme de cette 1ère partie ayant trait à la conceptualisation théorique du *Processus d'Individuation*, nous sommes en mesure de percevoir le fondement théorique et pratique de la psychologie analytique de C.G. Jung. Loin d'être une élucubration d'un doux rêveur, le *Processus d'Individuation*, notion clé de toute la psychologie jungienne, nous apparait comme la théorisation logique et fidèle de multiples données factuelles qui se sont imposées au chercheur suisse : La *psyché*, tout comme le corps, n'échappe pas à l'aspect phylogénétique, rassemblant en son unité stratifiée, les phases révolues, mais toujours vivaces, de son évolution antérieure et universelle. A la découverte de l'*inconscient collectif* devait suivre le renouvellement de la méthode analytique, les données trans-personnelles ne répondant plus aux lois freudiennes, comme la physique des particules ne répond plus aux lois de Newton. A ce niveau du réelle, le principe de causalité, présidant à l'approche analytique de Freud, n'offre plus d'intérêt heuristique aux éléments collectifs qui se dévoilent. Tout autre est l'approche *finaliste*, mis en exergue par la méthode *constructive* du médecin suisse. En cette nouvelle perspective se dégage une signification riche de sens, qui ne peut être appréciée à sa juste valeur par la technique traditionnelle d'interprétation des rêves. Ces archétypes, contenus de l'inconscient collectif, ne se laissent pas déchiffrer par le jeu des associations de mots ou de libre parole (règle fondamentale de la psychanalyse freudienne), mais par l'*amplification*, la correspondance épistémologique avec les symboles mythologiques qui traduisent au mieux le caractère numineux de ces manifestations. Charge au thérapeute de les (re)connaître et d'en dégager la signification dans l'ensemble des productions oniriques et même délirantes du patient, notamment psychotique. Cette conception de la structuration psychique devait s'accompagner inéluctablement d'une modification de la signification de la *Libido*. Celle-ci, non plus limitée à la seule manifestation sexuelle, est présente dans l'ensemble de l'activité de la *psyché*. En amont, elle est pure *énergie vitale*, se confondant avec la notion métaphysique de *Volonté* chez Schopenhauer, tandis qu'en aval, elle se subdivise en une multitude de facteurs psychiques, dont le désir sexuel et la conservation du Moi thématisés par Freud, ne sont que deux manifestations particulières.

L'intérêt de la psychologie analytique est sans nul doute d'avoir mis en exergue, au sein de cet « épanchement » libidinal intégral, une signification globale que tente de recouvrir le concept de *Processus d'Individuation.* La finalité de tout ce processus psychique n'est autre, en définitive, qu'une émancipation d'une identité réelle, fruit d'une dialectique entre le Moi conscient et son inconscient personnel/collectif, dans un équilibre permanent entre intégration et différenciation. Initiée par un évènement traumatique aux effets psychologiquement ravageurs, la *psyché* n'aura de cesse de retrouver un nouvel équilibre dans une dynamique d'introversion psychique, favorisant par automatisme la prise de distance à l'égard de la réalité sociale et les compromis existentiels (la *persona*) jusqu'alors opérant. La liquidation de la *persona* conduit à la confrontation de l'ombre personnel où gisent les complexes inconscients, éléments refoulés, socialement inacceptables. Là, prédominent les principes de Freud entérinés par Jung et nullement démentis par ce dernier. Mais l'expérience lui montra qu'une autre réalité se manifeste en ces états d'introversions profondes auxquels sont soumis les patients psychotiques ou que l'on rencontre dans un travail personnel d'analyse. Une figure archétypique féminine (*anima*) ou masculine (*animus*) se présente sous des traits évolutifs (*anima : érotique, romantique, altitude spirituelle, sagesse* ; *animus : athlète, esprit d'initiative, verbe, pensée*) qui doivent être intégrées, sans identification, afin d'être en mesure d'accueillir les contenus inconscients archétypaux sans en être « possédé ». Une modification de la personnalité s'opère avec un élargissement de la conscience, une différenciation claire d'avec l'inconscient et un déplacement du centre de gravité psychique du Moi vers le Soi qui préside à l'ensemble du processus.

Tels sont, à gros traits, les six étapes du *Processus d'Individuation* menant le sujet d'un état d'inconscience ou de soumission infantile à la réalité environnante, à une conscience plus éclairée, et partant plus adaptée à sa réalité interne comme externe. Ces six étapes sont : (1) Le traumatisme ; (2) La liquidation de la *persona* ; (3) La confrontation avec l'*ombre* ou les complexes personnels ; (4) La rencontre avec l'*anima/animus* ; (5) La confrontation avec les *archétypes* et la *personnalité mana* ; (6) Le rapport dialectique entre le Moi et l'inconscient par l'intégration et la différenciation des données archétypales. Ce schéma constitue un modèle psycho-dynamique développemental non dénué d'intérêt, mais dont la valeur heuristique et clinique doit encore être vérifiée. C'est ce que nous nous proposons de faire en cette seconde partie de notre étude au terme de laquelle nous espérons être en mesure de répondre à la question principale de cette recherche : le *Processus d'Individuation* augure-t-il d'un changement paradigmatique dans l'approche thérapeutique contemporaine des psychopathologies ?

2mePARTIE : APPLICATION DU *PROCESSUS D'INDIVIDUATION*

Après avoir exposé les bases théoriques du *Processus d'Individuation*, à partir de l'expérience clinique et l'évolution personnelle de C.G. Jung, nous nous attacherons, dans cette seconde partie, à mettre en examen ce modèle psycho-dynamique dans une double application.

La première aura trait à l'application clinique du *Processus d'Individuation* (Chapitre 3) au sein d'une cure psychanalytique menée par Vincent Prouvé et exposée dans son livre, *« Le processus créatif dans la schizophrénie à partir de C.G. Jung. Dynamiques psychiques, chaos, transformation »* (2009)[151].

La seconde concernera l'application du *Processus d'Individuation* à une figure historique, en l'occurrence, celle de Friedrich Nietzsche (Chaptire4). Cette application théorico-analytique du modèle psycho-dynamique jungien, permet-elle d'éclairer d'une lumière nouvelle la problématique développementale du philosophe bâlois introverti ?

Enfin, au terme de cette seconde application, nous serons amenés à nous interroger sur l'opportunité d'un élargissement paradigmatique au sein de la recherche scientifique contemporaine dans le domaine thérapeutique comme celui des sciences dures (Chapitre 5).

---

[151] Prouvé, V. *Le processus créatif dans la schizophrénie à partir de C.G. Jung. Dynamiques psychiques, chaos, transformation*. Paris : L'Harmatan. (A paraître).

Chapitre III : Application clinique : le cas de Paul, psychotique.

La première application clinique du modèle jungien du *Processus d'Individuation* a trait à la problématique thérapeutique contemporaine. Pour ce faire, nous suivrons l'expérience clinique et le développement théorique de Vincent Prouvé, psychologue et psychothérapeute d'orientation jungienne, consignée dans sa thèse intitulée : *« Le processus créatif dans la schizophrénie à partir de C.G. Jung. »* [152]

Aussi relaterons-nous, dans un premier temps, les cinq épisodes psychotiques de Paul présentées par cet auteur, avant d'y déceler le *Processus d'Individuation* à l'œuvre dans ces phases psychotiques.

1. « Les cinq épisodes psychotiques de Paul »

> Il s'agit *« d'une personne diagnostiquée schizophrène, qui a effectué plusieurs hospitalisations depuis l'âge de vingt-huit ans, époque où il débute les épisodes psychotiques. »*[153] Et V. Prouvé de préciser : *« Il travaillait dans un magasin comme indépendant. Il avait sa propre affaire. Il était marié et sa femme venait d'accoucher de leur fils. C'était un travailleur. Peut-être de trop. Il devait mener de front, seul, toutes les composantes de son affaire : les commandes, les fournisseurs, la vente en magasin. Il était seul pour tout cela. En plus il pensait agrandir son commerce, mais pour cela il devait encore terminer le prêt en cours. Il était sous pression. »*[154] Paul a été *« suivi par un psychiatre qui était très respectueux des contenus, des idées et images produites par son patient. C'est ce qui a permis,* selon V. Prouvé, *que Paul reste dans un état assez 'vivant',*

[152] Prouvé, V. (…). *Le processus créatif dans la schizophrénie à partir de C.G. Jung. …*
[153] *Ibid.*, p. 247.
[154] *Ibid.*, p. 248.

parce qu'il pouvait vivre ses contenus et ses émotions de manière relativement 'libre', quoique canalisés par son traitement médicamenteux bien dosé. »[155]

Paul va connaitre cinq épisodes psychotiques qu'il appelle ses « initiations ». V. Prouvé signale toutefois que *« le travail rapporté ici est une mise en ordre des éléments épars donnés de séances en séances. Cette mise en ordre permet de découvrir la cohérence sous le chaos, l'ordre (et le sens) sous le désordre apparent des images. »*[156]

1.1 1er épisode psychotique : le choc émotionnel

« 'Mon choc émotionnel'... juste à la fermeture du magasin, exactement huit ans auparavant... Il dit : 'Je cherchais des solutions à mes différents problèmes, comment assurer le travail au magasin, engager quelqu'un, mais il y avait encore des traites à payer. Je ne dormais pas depuis plusieurs semaines, à cause des réveils nocturnes de l'enfant, et ma femme ne pouvait plus m'aider au magasin... Alors je cherche Dieu car je n'ai pas de solution. Je Lui pose la question, car personne d'autre ne peut m'aider ; je suis donc en pleine méditation[157] *à l'arrière du magasin. Quelques instants après j'obtiens une réponse : je vois une forte lumière, et une âme sans sexe : l'ange gardien me parle. Il me montre ma vie passée, puis je fais un voyage hors de mon corps voyant différentes scènes. Puis l'ange gardien, revenu dans le corps me dit : 'laisse tout tomber et repose-toi'. Je réponds : 'Je ne veux pas mourir'. Quand l'ange gardien s'approche de moi, je me vois moi-même avec un*

---

[155] *Ibid.*

[156] *Ibid.*, p. 253, note 787.

[157] V. Prouvé nous apprendra par la suite que Paul *« pratiquait le yoga, et que dans certains cours, on y apprend à méditer. »* (*Ibid.*, p. 251).

voile transparent. Je décide de prendre la voiture et de rentrer chez moi. Je suis dans un état hyper affaibli. J'arrive à la maison, me déshabille et me mets au lit. Je vis un état d'agonie. Mon cœur pompait à vive allure. Le sang circulait en forme de croix, c'était douloureux comme un poignard. Je me sens comme un tonneau de vin percé de tous les côtés en forme de croix, c'est le fameux mot : la crucifixion. A ce moment-là, je lutte pour survivre. Dans ma tête je vis mes dernières heures. Puis je sens que le cœur s'arrête, puis le cerveau, je sens une rigidité cadavérique. J'étais immobile, le corps froid. Cela dura plusieurs heures. Puis le reste de la nuit, l'énergie est revenue, et tout s'est remis en route. J'ai le cœur fendu, j'ai peur. Je parle de tout à ma femme. Puis le médecin de garde vient et il dit : psychose.' »[158] Il est interné dans un hôpital psychiatrique où il reçoit un traitement médicamenteux. Il ne se sent pas compris. Parlant de Dieu, il reçoit une fin de non recevoir : *« Dieu n'existe pas »* lui répond le médecin qui, *« occupé à vouloir sauver son patient de la folie, essaie de le stabiliser, mais va passer à côté du processus psychique vécu par le patient. »*[159] Apparemment stabilisé, celui-ci retourne chez lui où le médecin généraliste lui prescrira également un traitement médicamenteux.

1.2. 2ème **épisode psychotique : les complexes**

Un an après, Paul a remis son commerce et travaille dans une grande-surface. C'est à ce moment qu'il connaît son 2ème épisode psychotique : *« Il avait vu son âme se balader devant lui, raconte-t-il, et pénétrer dans une maison où il y avait une belle bibliothèque... »*[160] La police étant intervenu, il est colloqué dans le

[158] *Ibid.* p. 248-249.
[159] *Ibid.*, p. 249.
[160] *Ibid.*

même hôpital où il se sent toujours aussi incompris. Alors il décide de sortir ses « armes invisibles » : *« si vous n'écoutez pas Dieu, je fais sauter toute la boutique (il voulait parler de toute la terre). »*[161] Il reçoit alors des calmants puissants qui le font dormir cinq jours. Mais le médecin reste préoccupé de son état : *« Le docteur n'a pas dormi, il est resté attentif à moi. »*[162] A partir de ce moment, un changement s'opère dans la relation thérapeutique : une alliance va se nouer, *« le médecin va tenter de comprendre son patient »* se disant : *« s'il dit cela, s'il vit cela, c'est qu'il y a un sens, je ne vais pas éradiquer ces contenus auxquels le patient semble tenir plus qu'à la vie. »* Et V. Prouvé de commenter : *« c'est ce qui va permettre au fil du temps, à Paul, d'intégrer, au moins une partie de ces contenus inconscients, et encore plus ceux de l'inconscient collectif, par opposition aux contenus conscients organisés selon la logique de la raison discursive. »*[163] Paul affirma : *« A l'hôpital, j'étais très en colère. Une fois que les gens ont été à mon écoute, j'ai pu décompresser, car avant ça les gens n'étaient pas à mon écoute. »*[164]

1.3. 3ème épisode psychotique : une figure féminine

Le 3ème épisode psychotique se produisit lors d'une méditation : *« Il se trouve 'mentalement' en Egypte. Là, il y rencontre une figure féminine inconnue, qui s'appelle (ou qu'il appellera par la suite) Ella*[165] *: 'elle me parle tendrement et avec gentillesse'. Il date aussi*

---

[161] *Ibid.* p. 250.
[162] *Ibid.*
[163] *Ibid.*
[164] *Ibid.*
[165] En note infra paginale, V. Prouvé commentera : *« Je penche pour la seconde hypothèse, même si paul ne m'en dira rien. Je pense qu'l a donné ce nom à cette figure féminine, car quelques mois après il rencontre une jeune femme qu'il dira être cette figure féminine précédemment 'vue' mentalement. Cette femme réelle avait précisément pour nom Ella »* et de préciser que ces noms sont fictifs. (*Ibid.*, note 784, p. 251).

très précisément ce troisième épisode : deux ans après le premier. »[166] Neuf mois après cette « vision mentale », Paul rencontre effectivement une personne du nom d'Ella, ce qui le mettra dans un état d'euphorie pendant trois jours et trois nuits, nécessitant une nouvelle hospitalisation.

1.4. 4ème épisode psychotique : le « big-bang »

Le 4ème épisode psychotique est ce que Paul nommera un *« big-bang »* : *« Je suis sur mon lit en état 'd'éveil', debout près de la garde-robe. Je suis debout sous une forme humaine : je vois une lumière de couleur bleu ciel avec spirales lumineuses fluo tournant autour de moi. Je vais au salon, mon père accueille des gens. Il y a beaucoup de lumière. Je vais vers la porte. Je vois aussi ma mère Je vois son âme (aura) de couleur verte. Je passe par la fenêtre et suis perché en haut d'un arbre. Je vois sur la route des milliers de personnes sous forme d'ombres (formes humaines). Plus tard, je me trouve dans le soleil dans le temple de Salomon. Le soleil est 40 fois plus grand que la terre. Tout est habitable à l'intérieur. Il y a un monde fou, dans un amphithéâtre. Les gens sont habillés en égyptiens (avec chapeau avec le bec/l'oiseau égyptien). Je suis dans le public. Je monte une estrade. Puis je me trouve dans un 'bar' et je prends la main de mon épouse Ella... Paul parle de mariage, de 'noces d'or'. Il dit aussi que 'la chaleur est très forte' et que 'la maîtrise' n'est plus possible. »*[167]

---

[166] *Ibid.*, p. 251.
[167] *Ibid.*, p. 253-254.

1.5. 5ème épisode psychotique : « la phase terrestre »

Le 5ème épisode psychotique est *« la phase terrestre »*. Paul dit : *« Maintenant le ciel c'est fini, c'est la phase terrestre...La résurrection, c'est le passage par la mort... Je suis ressuscité, je suis passé par la maladie. Puis ça va passer par le rapport sexuel qui va me donner une stabilité sociale. Puis développer avec mon épouse l'art. L'art de la cuisine, de la peinture, etc. »*[168] Et V. Prouvé de confirmer : *« il est bien dans sa phase terrestre où il a envie aussi de partager sa vie avec un partenaire réel, en chair et en os. De vivre une relation véritable avec un autre être. »*[169]

2. Le Processus d'Individuation à l'œuvre dans les épisodes psychotiques de Paul

Avec V. Prouvé, résumons les cinq épisodes psychotiques de Paul :

> *« Dans le parcours de Paul, on peut nettement distinguer plusieurs phases, la première, le choc émotionnel, la deuxième, celui où son âme marchait devant lui, qui semblait être une phase très négative, où l'on peut percevoir qu'il fut confronté à d'importants contenus d'ombre, il parle lui-même d'idées négatives et de suicide. La troisième, est la rencontre avec le féminin inconnu, la quatrième, ce fut le 'big-bang', le mariage dans le soleil en habits d'initié égyptien. La cinquième enfin, est la phase terrestre. Le tout sur une période de huit ans. »*[170]

Force nous est de constater la correspondance étonnante, quasi terme à terme, avec le *Processus d'Individuation* décrit dans la première partie de ce travail : le

[168] *Ibid.*, p ; 262.
[169] *Ibid.*
[170] *Ibid.*, p. 263.

trauma, la confrontation avec l'ombre, l'expérience archétypique de l'*anima* ouvrant à l'inconscient collectif, enfin l'aboutissement du processus dans la dialectique du Moi et de l'inconscient, l'écoute des deux instances personnelle et le supra-personnelle, dans la différenciation des sphères et le respect de chacune.

Il est à signaler en outre que Paul a réclamé de la part du thérapeute une écoute sans interprétation, perçue comme contraignante. V. Prouvé relate en effet ce moment de la thérapie où la patient n'avait *« que faire »* de ses interprétations :

> *« Paul me dira, alors que j'essayais de lui expliquer le processus qu'il vivait : 'il faut me laisser ma liberté et ne pas me contrarier'. Il a seulement besoin qu'on l'accompagne et qu'on soit à côté de lui dans cette 'expérience'. »*[171]

A l'instar de Freud qui découvrit la règle fondamentale de la psychanalyse par la réaction d'une patiente lui réclamant le silence et lui enjoignant de la laisser s'exprimer librement, ainsi en fut-il avec V. Prouvé qui confirme, par sa pratique thérapeutique, la règle fondamentale de la psychanalyse jungienne : laisser le processus autonome, le *Processus d'Individuation*, suivre son cours, afin qu'une transformation de la personnalité s'opère et qu'un rapport nouveau entre conscient et inconscient s'établisse sous l'égide d'un Moi solide.

Il importe que le thérapeute (re)connaisse ce *Processus* ainsi que les modes d'expressions de l'inconscient, en particulier ceux de l'inconscient collectif, qui sont souvent d'ordre mythologique. Il fut heureux dans le cas de Paul, en l'occurrence, que le médecin de l'hôpital psychiatrique, où il fut interné, modifia son attitude à l'égard des « délires » du patient, car ceux-ci témoignent en réalité d'une *« couche collective de l'inconscient, qui porte en elle, les matrices des contenus dynamiques et structurants des expériences humaines. »*[172] Ainsi, lorsque Paul affirme

[171] *Ibid.*, p. 257.
[172] *Ibid.*, p. 250

« Moi, j'ai vu Dieu. Quand tu vois cette force, tu te vois tout petit. C'est une crainte devant un 'supérieur' »[173], le thérapeute doit entendre que *« le patient sent qu'il vit quelque chose de 'sacré', proche du divin, quelque chose de 'hors-norme'... Dieu veut dire quelque chose de suprahumain, quelque chose qui nous dépasse, et qui a une puissance beaucoup plus importante que celle de l'humain. »*[174]

Et lorsqu'il pénétra par effraction chez une personne (lors du second épisode psychotique), V. Prouvé comprendra que Paul était *« à la recherche de connaissances, de compréhension par rapport aux phénomènes irrationnels qu'il vivait. Et rien dans son entourage ne lui permettait d'avoir accès à cette compréhension. »*[175] Quelque chose est à l'œuvre en lui, quelque chose qui cherche à s'exprimer, à se donner à connaître : quelque chose de l'ordre de la créativité, du monde sensible émotionnel, qui bientôt va se matérialisé en la personne d'Ella. C'est la 3ème phase psychotique de Paul : l'identification de la figure mentale *féminine* en la personne réelle d'Ella.

> *« Toute la difficulté sera d'amener Paul à percevoir que la figure féminine inconnue d'Egypte relève d'une structure intérieure qui n'est pas 'réellement' la femme extérieure. Néanmoins, la femme intérieure est le support de tout son monde sensible émotionnel, mais aussi de sa créativité. A ce titre-là elle est donc 'réelle', et il peut développer sa relation à cet aspect inconnu de son être... »*[176]

Rééquilibrage, compensation nécessaire à une conscience par trop coupée de sa nature véritable, aussi, *« la possession de la conscience par des contenus rééquilibrateurs émanant de l'inconscient collectif, était inévitable »*[177] nous dit

---

173 *Ibid.*, p. 249.
174 *Ibid.*
175 *Ibid.*, p. 249-250.
176 *Ibid.*, p. 252.
177 *Ibid.*

V. Prouvé, s'appuyant sur Jung. Le pathologique ne se situe donc pas du côté de la production de thématiques archétypiques et collectives, mais dans l'incapacité du Moi à intégrer, sans être submergé, ni détruit, ces contenus intérieurs. Le danger réside uniquement dans

> « l'identification *totale aux contenus ou dans la* projection *(la projection étant l'identification totale du contenu à une autre personne) ou dans* l'inflation. »[178]
>
> *« Ces mécanismes seront présents d'une manière ou d'une autre, mais la différence vient dans la possibilité à un moment donné de l'*intégration *au plan conscient. Cela demande l'existence d'un moi, instance intégratrice, capable de 'prendre conscience' et de 'traiter' ces contenus. »*[179]

Le risque n'est pas mince pour certaines personnalités dont la fonction moïque est déficiente. Le travail thérapeutique consistera donc à s'atteler à *« renforcer le moi et le soutenir »*[180]

Le 4ème épisode psychotique, avec l'ascension dans le soleil (*« je me trouve dans le soleil, dans le temple de Salomon »*[181]), reprend le symbolisme du soleil, sa course, qui *« représente la course de la conscience qui est engloutie par l'inconscient (...) et qui en ressort victorieuse le matin. »*[182] C'est tout le thème de la mort et de la renaissance présent dans de nombreuses mythologies (la course du soleil, le mythe du Héros), symbole de la victoire du conscient sur les forces obscures qui gisent dans l'inconscient. Mais comme le souligne V. Prouvé

> *« on ne le 'vainc' pas en se coupant de lui ou en rationalisant – c'est ce que fait le névrosé mais le psychotique ne le peut pas tellement l'inconscient est fort ou la conscience fragile, c'est selon – mais plutôt en se confrontant à lui – (...) – 'explication' dialectique*

---

178 *Ibid.*
179 *Ibid.*
180 *Ibid.*
181 *Ibid.*, p. 253.
182 *Ibid.*

entre deux partenaire, dans lequel le conscient reconnaît l'inconscient comme un partenaire à part entière, et lui reconnaît des droits légitimes – au moins de l'écouter dans ce qu'il a à dire - , c'est aussi un véritable corps à corps entre l'un et l'autre »[183]

C'est au sein de cette confrontation que s'inscrit le rôle du thérapeute, en tant que *« 'serviteur' du processus »*, soutenu par une relation transférentielle en laquelle il est pleinement engagé.

Pour ce qui est de la thématique de la mort et de la renaissance, il est tout à fait significatif que Paul appelle ses épisodes psychotique : *« initiations »*. Or selon M. Eliade,

> *« une initiation implique la 'mort' et la 'renaissance' du novice, c'est-à-dire sa naissance à un mode d'être supérieur. »*[184] Il s'agit donc bien pour Paul, en l'occurrence, d'expérimenter *« une mort de sa personnalité, pour une renaissance de celle-ci, plus conforme à ce qu'il est, ou doit être. Mort, puis renaissance, c'est la transformation. »*[185]

Transformation qui se soldera par un rapport au monde pour le moins différent, puisqu'il intégrera une dimension créatrice qui consiste à *«développer avec mon épouse l'art. L'art de la cuisine, de la peinture, etc. »*[186]

Dans tout ce qui précède, nous voyons l'application pratique de la perspective finaliste de la psychologie analytique jungienne. C'est elle qui préside l'acte thérapeutique de l'analyste dont le rôle est résumé par V. Prouvé, lecteur de Jung, en ces termes :

> *«Les images primordiales (ou archétypiques) émergent donc dans des rêves ou des visions, voire des hallucinations. La tâche du*

[183] *Ibid.*, p. 254.
[184] Cité par Prouvé, V., *op. cit.*, p. 250.
[185] *Ibid.*, p. 251.
[186] *Ibid.*, p. 262.

psychothérapeute est de les comprendre, de manière à percevoir vers où pointe la compensation, dans quel but ces images précises émanant d'une couche trans-personnelle de l'inconscient ont été animées. Ensuite, le psychothérapeute doit accompagner le patient dans la direction que lui indique l'inconscient. Mais il ne faut pas toujours interpréter car la 'confiance' du psychothérapeute dans le principe d'une action pleine de sens de l'inconscient peut suffire dans un premier temps. Son rôle se 'limite' alors à soutenir ('holding') le processus vécu par le patient. Un 'soutien' bienveillant et confiant dans l'inconscient. »[187]

Nous pouvons néanmoins nous questionner sur le bienfondé de cette perspective finaliste de la psychanalyse jungienne. Est-il légitime de penser une « fin » à la structuration psychique, et plus encore psychopathologique, là où la science psychanalytique, dans sa visée théorique et thérapeutique, a toujours recherché les « causes » du déficit ? N'est-ce pas faire preuve d'une vision par trop idyllique que de penser la pathologie et le processus guérisseur en termes de « renouvellement », de « renaissance » ? N'est-ce pas en fin de compte « remythologiser » l'existence que les sciences avaient « purifiée » de toute interprétation philosophico-religieux ? La troisième partie de ce travail abordera explicitement cette problématique. Pour l'heure, attachons-nous à la seconde application du modèle développemental jungien : celle qui a trait à la figure historique de Friedrich Nietzsche et qui démontre sa valeur heuristique.

---

[187] *Ibid.*, p. 263.

Chapitre IV. Application à une figure historique : Le cas de Nietzche.

Dans ce parcours, nous nous arrêterons aux évènements importants qui ont jalonnés l'existence et la destinée de Friedrich Nietzsche, dans l'émancipation de sa personnalité certes authentique, mais néanmoins quelque peu problématique. Nous nous proposons de parcourir les étapes importantes de l'évolution psychologique de cet auteur, consignée en ses œuvres philosophiques majeures, pour y découvrir les étapes du *Processus d'individuation*, mise en exergue par Jung. Force nous sera de constater la valeur heuristique de ce modèle développemental dévoilant la problématique sous-jacente à cette personnalité dont la vie fut tout entière un « destin »[188], et qui n'eut de cesse de rendre à la vie subjective, intérieure, naturelle et instinctuelle, sa profondeur et ses lettres de noblesse.

Dans cette section, nous passerons en revue les différentes étapes évolutives du *Processus d'Individuation* et vérifierons la force interprétative du modèle jungien et sa capacité à déceler le point névralgique au sein de l'évolution de Nietzsche, origine de son effondrement psychique.

1. L'individuation et le traumatisme ou la perte de l'équilibre

Rappelons-nous que l'élément déclencheur du *Processus d'Individuation* est le « traumatisme » ou la « perte d'équilibre », forçant une prise de distance d'avec les contraintes et les valeurs environnementales communément établies. Sortir de l'imitation, de la soumission aveugle, pour recouvrer son identité foncière, sa vie comme volonté consciente, tel est l'aspect dynamique de l'évènement traumatique. Peut-on retrouver dans la vie de Nietzsche un évènement de cet ordre l'ayant extrait d'une existence d'imitateur en quête de

[188] Ce sera le thème de la dernière méditation de son œuvre autobiographique, *Ecce homo* : *« Pourquoi je suis un destin »*. Le sous-titre de cette œuvre s'intitule en outre : *« Comment on devient ce que l'on est »*. Nous sommes au cœur de notre problématique, celle du *Processus d'Individuation*.

reconnaissance sociale ?

Il semble effectivement que l'on puisse répondre par l'affirmative. En effet, après avoir essuyé de vives critiques à l'endroit de *La naissance de la Tragédie* (1872), œuvre à la fois philologique et philosophique influencée par la métaphysique schopenhauerienne et l'idéalisation, voire la fascination, éprouvée par Nietzsche à l'égard du compositeur Richard Wagner, il reçut un terrible coup de semonce, lourd de conséquence, lorsque Hans von Bülow, chef d'orchestre éminent à qui Nietzsche dédicaça une composition pour piano à quatre mains, la *Manfred-Meditation*, lui adressa une critique on ne peut plus acerbe :

> *« Votre Méditation sur Manfred est le comble de l'extravagance fantasmatique, la chose la moins réconfortante et la moins musicale que depuis longtemps j'aie rencontrée notée sur du papier à musique. Il m'a fallu me demander plusieurs fois si tout cela était simple plaisanterie et si peut-être vous aviez voulu parodier la prétendu musique de l'avenir (...) J'aurai peut-être dû retourner une partie de mon irritation contre moi-même, dans la mesure où, en dirigeant à nouveau* Tristan, *j'ai été directement coupable de provoquer chez un esprit aussi élevé et éclairé que le vôtre, honoré monsieur le professeur, de si déplorables crampes pianistiques. »*[189]
>
> Et Dorian de commenter : *« Nietzsche sort à peine de la querelle autour de* La naissance de la Tragédie, *où il a été nié comme philologue, et renvoyé au délire artistique ; le voici à présent nié comme musicien, et renvoyé à la philologie. Perpétuellement* excentré, *il doit encore trouver sa place... »*[190].

Débute alors une longue phase de quête personnelle, de dépouillement de tout élément exogène entravant sa véritable nature, menant tout droit à la liquidation de sa *Persona.* Nous somme en juillet 1876.

---

[189] Cité par Dorian, A., *op. cit.*, p. 149-150.
[190] *Ibid.*, p. 150.

2. La confrontation et la liquidation de la persona

Revenons quelques années auparavant. Nommé professeur de Philologie à l'université de Bâle, le 12 février 1869, Nietzsche *« aspire à un certain prestige social »*[191]. Par ailleurs, devenu disciple de Schopenhauer dès 1865, il sera fasciné par la personnalité de R. Wagner incarnant au plus près les valeurs musicale schopenhauerienne[192] et la tragédie grecque dont il reste un fervent admirateur. Un immense espoir est projeté sur la figure wagnérienne en qui Nietzsche voit l'incarnation d'une unité existentielle

> *« où éthique et esthétique travaillent ensemble, sous l'égide de Schopenhauer, à une réforme possible, à une véritable régénération de la culture allemande. »*[193]

Toutefois, cette fascination de Nietzsche pour Wagner lui est quelque peu aliénante, se prêtant volontiers à la flatterie, jusqu'à s'aligner à son antisémitisme légendaire. Une sorte de dissociation s'opère en quelque sorte en lui-même, manifestée dans la double vie qu'il mène alors :

> *« auprès des Wagner, il s'abandonne aux enthousiasmes artistiques comme aux fastes mondains, tandis que l'université le ramène à l'ascèse des bibliothèques et à la grisaille du cercle des collèges. »*[194]

Suite au double rejet décrit précédemment (rejet du milieu philologique et du milieu musical), commence une remise en question radicale de la valeur métaphysique de la musique, du système schopenhauerien, et par conséquent de

---

[191] Dorian, A., *op. cit.*, p. 101.

[192] Rappelons-nous que pour Schopenhauer, la musique est *« placée tout à fait en dehors des autres arts... car elle n'exprime jamais le phénomène, mais l'essence intime, le dedans du phénomène, la volonté même »* (Schopenhauer, A. [2011]. *Le monde comme volonté et comme représentation.* (Burdeau, A., Trad.). Mercuès : Quadrige/PUF. p. 334. [Œuvre originale publiée en 1819]). Or la Volonté est l'autre nom de la « chose-en-soi » kantienne prétendument inconnaissable. Schopenhauer réhabilité la métaphysique sur le mode d'une identification de l'Être à la Volonté. Ce terme restera central dans toute la pensée nietzschéenne, même lorsque la rupture avec Schopenhauer sera consommée.

[193] Dorian, A., *op. cit.*, p. 106.

[194] *Ibid.*, p. 107.

la figure de Wagner. Cette opposition absolue à l'endroit de l'idéalisme allemand aboutit à l'écriture d'*Humain, trop humain* I (1878) qui dévoile la liquidation de la *Persona* nietzschéenne et l'avènement de l' « esprit libre » :

> *«* Humain, trop humain *est le monument commémoratif d'une crise*, écrit-il. *Il se proclame un livre pour les esprits libres : presque chaque phrase y exprime une victoire – par ce livre, je me suis débarrassé de ce qui* n'appartient pas *à ma nature... »*[195] *« A cet époque, mon instinct résolut implacablement d'en finir avec cette habitude de céder, de faire-comme-tout-le-monde, de me-prendre-pour-un-autre. N'importe quel mode de vie, les conditions les plus défavorables, la maladie, la pauvreté – tout me sembla préférable à cette indigne 'abnégation de soi' où m'avaient fourvoyé mon inconscience, ma* jeunesse*, et où, plus tard, j'étais resté empêtré par inertie, par un prétendu 'sens du devoir'... »*[196]

A partir de ce moment, Nietzsche n'aura de cesse de se mettre à l'écoute de son être intérieur :

> *« ce 'soi' profond, quasi enseveli, quasi réduit au silence par la constante* obligation d'écouter *d'autres 'soi' (...), ce 'soi' donc, se réveilla lentement, timidement, douteusement, mais à la fin il* se remit à parler. *Jamais je ne fus plus heureux d'être moi-même qu'aux pires périodes de maladie et de souffrance de ma vie : il suffit de jeter un coup d'œil sur* Aurore *ou* Le Voyageur et son ombre *pour comprendre ce que fut ce 'retour à* moi*' : une forme suprême de guérison !... »*[197]

La guérison passe donc, selon Nietzsche, par la confrontation avec son ombre

---

[195] Nietzsche, F. (2012). *Ecce homo. Comment on devient ce que l'on est.* (J.-C. Hémery, Trad.). Saint-Amand : Gallimard. p. 211. (Œuvre originale publiée en 1888).
[196] *Ibid.*, p. 221-223.
[197] *Ibid.*, p. 223-225.

et l'avènement d'une Aurore nouvelle. Et c'est très précisément ce que nous enseigne Jung dans le *Processus d'Individuation*.

3. La confrontation avec l'ombre

C'est lorsque Nietzsche prend congé de sa *Persona*, de son alignement à Schopenhauer et à Wagner idéalisé, que débute véritablement son voyage intérieur et sa confrontation avec son *ombre*. Quelle est-elle ? Quels sont les *complexes* à l'œuvre dans l'inconscient personnel du philosophe bâlois ? Comment les découvrir sinon au décours d'une assertion du philosophe lui-même, dévoilant sa problématique personnelle ?

Il nous semble que l'énigme proposée en ouverture d'*Ecce homo* (1888), son autobiographie et son auto-analyse pourrait-on dire, constitue une porte d'entrée intéressante pour accéder à ses complexes particuliers et subjectifs. L'énigme proposée est la suivante :

> *« Le bonheur de mon existence, ce qu'elle a d'unique peut-être, tient à ce qu'elle a de fatal : pour l'exprimer sous forme d'énigme, en tant que mon propre père, je suis déjà mort, c'est en tant que je suis ma mère que je vis encore, et vieillis. »*[198]

Affirmation pour le moins étrange qui semble, cependant, suggérer de manière voilée, nous semble-t-il, le fondement de la problématique personnelle de Nietzsche et qui se situe clairement dans le giron du rapport parental. C'est sous forme de fatalité que ces complexes maternel et paternel apparaissent à l'auteur, fatalité qui signifie en creux une structuration inconsciente s'imposant à lui de manière inexorable. Quelle structure psychique cette affirmation dévoile-t-elle ? Rappelons-nous qu'en ce domaine personnel, c'est la théorie freudienne, nullement rejetée par Jung, qui prévaut dans l'analyse. Nous devons donc

[198] *Ibid.*, p. 41.

comprendre cet état intérieur, en lien étroit avec la théorie sexuelle de Freud, comme la résurgence de la problématique infantile Œdipienne.

De ce point de vue, il nous faut prendre en considération les évènements de l'enfance de Nietzsche. A n'en point douter la mort prématurée de son père, alors que Nietzsche n'avait que cinq ans, et le décès de son petit frère la même année, aura un impact déterminant dans le développement psychosexuel du philosophe. La théorie freudienne nous apprend en effet qu'à cet âge, l'enfant est occupé à résoudre le conflit Œdipien. Ne pouvons-nous pas émettre l'hypothèse que les affects destructeurs du petit garçon de cinq ans (le souhait de la mort du père) s'est vu réalisé pleinement et efficacement dans le décès réel du père ? Si tel était le cas, une prise de conscience de la toute-puissance du fils (peut-être à l'origine de son concept de « Volonté de puissance »), doublée d'une angoisse abyssale de sa destructivité et de la menace imminente de l'inceste (le père, représentant *« la résistance active aux désirs incestueux du fils(...) »*[199], sa mort avait rompu la barrière de l'inceste) a dû se déployer dans le vécu inconscient du jeune enfant. Quelles furent les conséquences de ce traumatisme dans le psychisme du petit garçon de cinq ans ? Ne pouvons-nous pas imaginer que le mécanisme de défense du clivage a dû se mettre en place, provoquant une scission du Moi et permettant ainsi une identification simultanée aux deux figures parentales ? Ainsi n'est-ce pas avec raison qu'il pouvait dire : *« en tant que mon propre père, je suis déjà mort, c'est en tant que je suis ma mère que je vis encore, et vieillis »* ? Toutefois, si d'une certaine manière une dimension en lui avait déjà le goût de mort, il n'en demeurait pas moins le seul homme réel, vivant, de la famille, et le fils aîné de surcroît. Aussi a-t-il dû développer une maîtrise de soi énorme, pour se défaire du lien maternel par trop excessif. Peut-être est-ce là l'origine de son ascèse héroïque future, témoin d'une pulsion agressive extrêmement virulente retournée contre lui-même et, à terme, éminemment autodestructrice.

Ceci ne signifie-t-il pas, en définitive, qu'une identification moïque double s'est opérée en lui : une part se livre à la vie et une autre à la mort ? Une

[199] Jung, C.G., *Métamorphoses et symboles de la Libido, op. cit.* p. 253.

dimension de son être aspirait de toutes ses forces à une plénitude de vie, jusque dans sa dimension instinctuelle prohibée par la morale décadente, alors qu'une autre exerçait une action destructrice, à un degré tel qu'aucune réconciliation, aucune intégration par le Moi, ne fut jamais possible. Nietzsche demeura toute sa vie traversé par cette tension paradoxale et paroxysmale, à l'origine pour une part de ses nombreuses maladies physiques, jusqu'à son effondrement psychique.

Ce conflit interne a dû être ravivé à l'adolescence où nous retrouvons Nietzsche, âgé de quatorze ans, relatant encore, dans une autobiographie, le décès de son père et ses conséquences :

> *« Mon père mourut. Encore aujourd'hui, ce souvenir m'est profondément douloureux ; sur le moment, je ne comprenais pas encore la terrible portée de l'évènement. Lorsqu'un arbre perd son feuillage, il prend un aspect triste et désolé. Ses branches traînent à terre, sans force ; les oiseaux l'abandonnent, toute vie disparaît. N'en allait-il pas de même avec notre famille ? Toute joie nous était retirée ; la douleur et le deuil envahissaient tout. »*[200]

Si nous prenons la production poétique comme une projection de l'inconscient, ces quelques lignes peuvent peut-être nous dévoiler l'état intérieur de Nietzsche adolescent. En effet, l'arbre, dans les traditions mythologiques ancestrales, comme nous l'apprend Jung dans *Métamorphoses et symboles de la* Libido, symbolise la mère[201]. Et donc l'effeuillement de l'arbre, renvoie à une image fortement érotique, incestueuse, peut-être produite par l'investissement affectif de la mère sur le fils unique. Par ailleurs, l'oiseau désigne, dans les mythes fondateurs, l'ascension, la renaissance, finalement la libido elle-même :

> *« ...l'oiseau symbolise la réascension du soleil, l'aspiration de la Libido, la renaissance du Phénix ; aussi l'aspiration est-elle*

[200] Nietzsche cité par Dorian, A. *op. cit.*, p. 13.

[201] La symbolique de l'arbre est détaillée dans Jung, C.G., *Métamorphoses et symboles de la Libido*, p. 225-263.

allégorisée par des oiseaux qui volent et planent. »[202]

Ne peut-on dès lors interpréter ces deux images poétiques comme la production symbolique de l'inconscient exprimant le désinvestissement libidinal du fils (*« les oiseaux l'abandonnent »*) à l'égard de la mère incestueuse (*« un arbre »* ayant perdu *« son feuillage »*), vécu comme sur le mode du deuil, de la douleur et de la tristesse (*« Toute joie nous était retirée ; la douleur et le deuil envahissaient tout »*). D'où un fort investissement intellectuel qui perdurera durant toute la vie de Nietzsche, lui conférant, dès son jeune âge, un côté sérieux et réfléchi qui devint son mot favori à Pforta, le Collège où il fit ses études ; mais également une puissante volonté de maîtrise de soi qui sera le terreau du concept futur de la « Volonté de Puissance » ainsi qu'un fond de mélancolie et de solitude qui ne le quittera jamais :

> *« Déjà mon caractère se révélait. J'avais connu, quoique très jeune, trop de deuils et d'afflictions ; je n'avais pas la gaieté ni l'exubérance qui sont habituelles aux enfants. Mes camarades avaient coutume de se moquer de mon sérieux. Ce fut le cas à l'école, mais aussi plus tard, à l'institution et même au gymnase. Je recherchais la solitude et ne me sentais jamais aussi bien que lorsque je pouvais m'entretenir avec moi-même sans être dérangé. »*[203]

La liquidation de ces ombres parentales s'opéra, nous semble-t-il, lorsque Nietzsche se mit à réfléchir par lui-même, à partir d'*Humain, trop humain*, et rejeta toute influence et interprétation métaphysique et religieuse de l'existence. N'affirme-t-il pas que

> *« un degré, certes élevé, de culture est atteint, quand l'homme arrive à surmonter les idées et les inquiétudes superstitieuses et*

---

[202] Jung, C.G., *Métamorphoses et symboles de la Libido*, *op. cit.*, p. 331.
[203] Nietzsche, F., *Premiers écrits*. Cité par Dorian, A., *op. cit.*, p. 26.

religieuses et par exemple ne croit plus à l'ange gardien ou au péché originel, a désappris même à parler du salut des âmes : à ce stade d'émancipation, il a encore, au prix des efforts les plus extrêmes de sa réflexion, à triompher de la métaphysique. »[204]

La sortie de l'enfance se réalise par l'émancipation dans la culture et la réflexion rationnelle permettant une prise de distance à l'égard des vérités et valeurs éducationnelles. Aussi le rejet de la morale chrétienne, comme morale décadente, signe la rupture avec l'influence parentale, en l'occurrence celle du père en tant que pasteur, et l'introduction progressive dans l'intériorité personnelle du penseur. C'est pourquoi nous pouvons interpréter la sentence précitée en un second sens : *« en tant que mon propre père, je suis déjà mort »*, signifierait en creux que Nietzsche s'est libéré définitivement du joug paternel, de ce qui en lui représente l'héritage parental et le reliait à la tradition familiale ancestrale :

> « *Moins les hommes sont liés par l'hérédité, plus grand devient le mouvement intérieur de leurs motifs (...)* »[205].

Néanmoins, le mouvement irrésistible d'introversion que poursuit Nietzsche, la dynamique régressive dans laquelle il s'enfonce volontairement, et inexorablement voudrait-on dire, semble l'introduire progressivement à la problématique de l'inceste symbolique, telle que la conçue Jung dans ses *Métamorphoses*. En effet, cette régression ne saurait être autre, selon Jung, que la quête de la Mère symbolique en vue d'une renaissance par le retour aux sources, au « Royaume des Mères », à la Matrice originelle. Or si l'inceste symbolique a effectivement en vue un renouvellement (et c'est précisément ce que recherche Nietzsche : un renouvellement des valeurs, du rapport à la vie) alors la rencontre avec l'archétypique de l'*anima* ne saurait faire défaut, car c'est

---

[204] Nietzsche, F., *Humain, trop humain*, *op. cit.*, p. 51.
[205] *Ibid.*, p. 53.

elle, en définitive, qui assurera le juste rapport du Moi avec les contenus de l'inconscient archétypal, en tant que matrice originelle de renouvellement. Pourra-t-il sortir victorieux des entrailles de cette Mère originelle, c'est-à-dire, ne pas se laisser engloutir par la fascination eu égard au caractère numineux des archétypes, et apporter au monde un renouvellement de la sagesse et du sens de l'existence ? Rien ne semble moins sûr, car l'assertion nietzschéenne, *« c'est en tant que je suis ma mère que je vis encore, et vieillis »*, sonne déjà comme un glas, comme le triste présage d'une individuation non réussie. Mais n'anticipons pas. Pour l'heure, c'est l'avènement de l'*anima* qui semble se profiler à l'horizon du psychisme de Nietzsche.

4. L'individuation nietzschéenne et la confrontation à son inconscient collectif

4.1. Le rapport de Nietzsche à son « anima »

A cette étape du cheminement intellectuelle et existentielle de Nietzsche, nous sommes à la fin de la rédaction d'*Aurore*, un changement se prépare dans l'attitude de Nietzsche à l'égard du monde et de la vie. Le pourfendeur de l'idéalisme religieux et de la métaphysique se mue en défenseur d'une conception du monde éminemment mystique, intégrant l'idéalisme et le positivisme des phases précédentes : il s'agira d'une métaphysique de l'immédiateté ou de la divinisation du monde premier, instinctuel, dénué d'arrière-plan illusoire (âme, esprit, Dieu) enseigné par les *décadents*, à savoir les prêtres et leur morale chrétienne mensongère. Il s'agit d'un *commencement*, à la charnière duquel se dresse l'expérience archétypique, décrite par Jung, et pressenti par Nietzsche dès la fin de la rédaction d'*Aurore*. Lou Andréas-Salomé relate en des termes incomparables l'expérience nietzschéenne d'*Aurore* :

« La destruction et la répudiation du passé ont cessé de représenter une fin en soi[206] *: elles ouvrent au contraire des perspectives d'avenir illimitées ; elles sont un commencement, un appel adressé au meilleur des forces humaines : 'quelque chose va venir ! Le plus important doit encore venir !' Telle est la promesse solennelle de l'aurore, tandis qu'elle teint le ciel de feux toujours plus éclatants. »*[207]

Cette conscience éveillée de ce qui doit encore advenir prépare le philosophe à une expérience, une rencontre inoubliable, déterminante : celle précisément avec Lou Andréas-Salomé, son *anima*.

C'est en ces termes que Nietzsche relate, à son ami Peter Gast, cette rencontre bouleversante avec Lou :

« Tout ce que, à l'heure actuelle, vous connaissez de mes rimailleries, est antérieur *à ma connaissance de L. (ainsi que le 'Gai savoir'). Mais peut-être pressentez-vous aussi qu'à la fois comme 'penseur' et comme 'poète', j'ai dû avoir une certaine prémonition de L. Ou serait-ce le 'hasard' ? Oui ! Le cher hasard ! »*[208]

La prémonition d'*Aurore* s'accompli en la figure de Lou Salomé, âgée alors de vingt-et-un ans, qu'il demandera en mariage, à deux reprise. Cependant, seule une belle amitié se nouera entre eux, une communauté d'âmes amies faites pour les grands abîmes. Lou Andréas-Salomé, dans son autobiographie, relate ces moments de conversations vertigineuses :

« il est étrange que, sans le vouloir, nos conversations nous mènent à ces abîmes, à ces endroits vertigineux que l'on a un jour escaladés seul pour sonder les profondeurs. Nous avons toujours

---

[206] Entendez la position éminemment polémique de Nietzsche, par confrontation frontale, dans *Humain, trop humain*.
[207] Andréas-Salomé, L., *op. cit.*, p. 115-116.
[208] Lettre de Nietzsche à Petre Gast, datée du 25 juillet 1882, cité par Dorian, A., *op. cit.*, p. 241.

choisi les sentiers muletiers, et, si quelqu'un nous avait écoutés, il aurait cru entendre parler deux démons. »[209]

Une reconnaissance spontanée, inconsciente, s'établit entre eux. Nietzsche reconnaît en cette femme l'âme sœur dont il a besoin pour poursuivre son œuvre. Ne l'avait-il pas pressenti dans une prémonition fulgurante de réalisme psychique, avant même leur rencontre :

> *« je convoite cette sorte d'âmes. Oui je me mettrai bientôt à la recherche de telles proies – j'en ai besoin pour ce que je veux faire pendant les 10 prochaines années. »*[210]

La rencontre à Rome, le 20 avril 1882, confirme le pressentiment. Nietzsche s'éprend éperdument de Lou Salomé. Il ne pourra jamais plus s'en départir affectivement. Or, selon Marie-Lousie von Franz, l'*anima* est *« la personnification de toutes les tendances psychologiques féminines de la psyché de l'homme »* qu'il projette sur la femme dont il tombe amoureux. Nous avons donc en cette femme la personnification vivante du *féminin* nietzschéen, son *anima*. Quels en sont les traits principaux ? Il n'est qu'à lire ce que Nietzsche écrit sur elle, après la rupture, pour connaître cette part féminine complémentaire de l'auteur :

> *« ... ce que vous dites du caractère de L.S. est vrai, aussi douloureux qu'il soit pour moi de le reconnaître. Je n'avais jamais rencontré encore un tel égoïsme, plein de naturel, vif dans les plus petites choses et que la conscience n'a pas brisé, un tel égoïsme* animal *: c'est pourquoi j'ai parlé de 'naïveté', aussi paradoxal que sonne ce mot, si l'on se rappelle alors la raison raffinée et décomposante que possède L. Cependant il me semble qu'une* autre possibilité *reste encore cachée dans ce caractère : du moins est-ce*

[209] Andréas-Salomé, L. (1977). *Ma vie.* (D. Miermont et B. Vergne, Trad.). Paris : Quadrige/PUF, p. 84-85. (Œuvre originale publiée en 1951).
[210] Lettre de Nietzsche à Paul Rée, datée du 21 mars 1882, cité par Dorian, A., *op. cit.*, p. 239.

là le rêve qui ne m'a jamais abandonné. Précisément dans ce genre de nature, un changement quasi soudain et un déplacement de toute la pesanteur pourraient se réaliser : ce que les chrétiens appellent un 'éveil'. La véhémence de sa force de volonté, sa 'force d'impulsion', est extraordinaire. De nombreuses fautes ont dû être commises dans son éducation – je n'ai jamais connu une fille aussi mal élevée. Telle qu'elle apparaît en ce moment, elle est quasiment la caricature de ce que je vénère comme idéal, - et vous savez, c'est dans son idéal qu'on devient le plus sensiblement malade. »[211]

Ce qui frappe dans ce portrait dressé par Nietzsche, c'est l'apparition à l'état pur pourrait-on dire, ou « naturel » selon Nietzsche, d'un égoïsme instinctuel, allié à une raison « raffinée » et « décomposante », une force de volonté, d'impulsion, bref un idéal de complétude et de confrontation pour un homme *« qui, concernant le secret du but de son existence, n'a aucun confident. »*[212] C'est donc de ce vis-à-vis féminin que Nietzsche avait, en cette étape de son évolution, cruellement besoin, afin de découvrir, dans la confrontation et le dialogue avec elle, le « secret du but de son existence ». La lutte avec cette a*nima raffinée et décomposante*, qui sans nul doute le malmenait quelque peu avec une impertinence naïve, est ce qui maintint en Nietzsche, pour un temps, la distance critique d'avec ses contenus numineux de l'inconscient collectif commençant à se consteller. C'est en effet précisément à cette période qu'apparaît la figure du *dément*, dans *Le gai savoir* (juillet 1882), qui annonce déjà la grande figure numineuse de *Zarathoustra I* (Janvier 1883) :

« Le dément se précipita au milieu d'eux et les transperça du regard. 'Où est passé Dieu ? lança-t-il, je vais vous le dire ! Nous l'avons tué – *vous et moi ! Nous sommes tous des assassins ! (...) La grandeur de cette acte n'est-elle pas trop grande pour nous ? Ne nous faut-il pas devenir nous-mêmes des dieux pour apparaître*

[211] Lettre de Nietzsche à Malwida, datée du 1er janvier 1883, citée par Dorian, A., *op. cit.*, p. 263. C'est nous qui soulignons les traits de caractères attribués à Lou par Nietzsche.

[212] Dans la même lettre à Malwida, Dorian, A., *Ibid.*

seulement dignes de lui ? Jamais il n'y eut acte plus grande – et quiconque naît après nous appartient du fait de cet acte à une histoire supérieure à tout ce que fut jusqu'alors toute histoire !' – Le dément se tu alors et considéra de nouveau ses auditeurs : eux aussi se taisaient et le regardaient déconcertés. Il jeta enfin sa lanterne à terre : elle se brisa et s'éteignit. 'Je viens trop tôt, dit-il alors, ce n'est pas encore mon heure. Cet évènement formidable est encore en route et voyage – il n'est pas encore arrivé jusqu'aux oreilles des hommes... »[213]

Avec la perte de Lou, toute distance d'avec les contenus archétypiques de l'inconscient collectifs se perd. L'attraction de plus en plus irrésistible qu'exerce sur Nietzsche la figure de *Zarathoustra*, son centre de gravité transpersonnel, son *Soi*, et la douleur immense de la perte de Salomé, dont il ne fera jamais le deuil, précipite le Moi nietzschéen dans l'engloutissement archétypale ou l'inflation du Moi dont il ne reviendra plus. Il eut été souhaitable, à ce moment, que l'*anima* projetée en Lou Salomé soit réintégrée dans la conscience moïque, pour perpétuer le rôle dévolu à Lou, celle d'instance critique de dialogue différencié d'avec les contenus archétypiques. Tel ne fut malheureusement pas le cas et Nietzsche de se tourner vers les figures féminines de son enfance, dorénavant « disponibles », celles de la *mère* et de la *sœur*, mais dont les traits délétères et envahissant vont progressivement le conduire à une régression et un enfermement morbide. Quelle était l'image de cette *anima* primordiale ? Ecoutons Nietzsche, dans ce portrait qu'il dresse des deux femmes de son enfance, dans *Ecce homo* :

« Quand je cherche mon plus exact opposé, l'incommensurable bassesse des instincts, je trouve toujours ma mère et ma sœur – me croire une parenté avec cette canaille *serait blasphémer ma nature divine. La manière dont, jusqu'à l'instant*

[213] Nietzsche, F. (1997). *Le gai savoir.* (P. Wotling, Trad.). Paris : GF Flammarion, p. 176-177.

présent, ma mère et ma sœur me traitent, m'inspire une indicible horreur : c'est une véritable machine infernale qui est à l'œuvre et cherche avec une infaillible sûreté le moment où l'on peut me blesser de la manière la plus sanguinaire – dans mes plus hauts moments...car aucune force ne permet alors de se défendre contre cette venimeuse vermine... La contiguïté physiologique rend possible une telle disharmonia praestabilita... *Mais j'avoue que mon objection la plus profonde contre l' « éternel retour », ma pensée proprement* abyssale, *c'est toujours ma mère et ma sœur. »*[214]

Une *anima* on ne peut plus négative. Or, Marie-Lousie von Franz nous a appris qu'une telle *anima* se soldait par la *« propension à faire des remarques acérées, venimeuses, efféminées, qui dévalorisent tout »*[215]. N'est-ce pas effectivement ce que l'on constate dans les œuvres de Nietzsche ? Faire montre d'impertinence, de critiques acerbes qui dévalorisent tout ce qui existait avant lui, voilà ce que d'aucun retiennent des écrits nietzschéens. Là encore, la rencontre d'avec Lou Salomé favorisa un trait, certes déjà contenu dans les œuvres de jeunesses de Nietzsche, mais qui s'accentua au fil du temps, ce que von Franz avait décrit comme influence de l'*anima positive* : la capacité de discerner les faits dissimulés dans l'inconscient, ouvrir l'accès aux vraies valeurs intérieures et à son être profond. C'est pourquoi il peut se prévaloir dans *Ecce homo*, sans faire montre d'orgueil démesuré, d'être doté

« d'une excitabilité parfaitement troublante de l'instinct de propreté, de sorte que je perçois physiquement la proximité – que dis-je ? – l'intimité la plus secrète, les 'entrailles' de toute âme – je les flaire...*Cette excitabilité constitue chez moi des antennes psychologiques avec lesquelles je palpe tous les secrets : l'épaisse crasse* cachée *au fond de mainte nature, qui vient peut-être d'un*

---

[214] Nietzsche, F., *Ecce homo*, *op. cit.*, p. 53.
[215] von Franz, M.-L. *Le processus d'individuation*. *op. cit.*, p. 179.

sang vicié mais que recouvre le vernis de l'éducation, j'en prends conscience presque dès le premier contact. »[216]

En définitive, l'*anima* rencontrée en Lou Andréas-Salomé devait servir de « guide » intérieur à Nietzsche en vue de son évolution plénière : *« amener à maturation son être propre en intégrant une plus grande partie de sa personnalité inconsciente dans sa vie active consciente. »*[217] Lui ayant légué l'essentiel de ce qu'il devait expérimenter, la présence externe de *l'anima* nietzschéenne se devait de disparaître, afin de favoriser le mouvement d'introjection, d'intériorisation du dialogue intime initié par Lou. Nietzsche eut été alors en mesure d'accueillir, par sa sensibilité et sa capacité d'écoute, les productions issues de l'inconscient collectif dont il va découvrir la réalité numineuse : une dimension trans-personnel est à l'œuvre au cœur de toute individualité, un monde surnaturel est présent dans l'ici et maintenant de l'existence mondaine. L'homme doit disparaître pour laisser place au *« surhomme »* capable, par la force de sa volonté, « la volonté de puissance », de détruire toute idole morale et religieuse, et de s'élever par-delà soi-même, sur le mode sacrificiel et de maîtrise de soi, à sa sur-nature proprement divine. Au demeurant, une inflation abyssale et extrêmement pathologique du Moi, fruit cependant d'une expérience fascinante et subjuguant, à l'origine du chef-d'œuvre nietzschéen : *Ainsi parlait Zarathoustra.*

4.2. L'expérience archétypique du Zarathoustra

Le rapport de Nietzsche à l'inconscient connut une évolution au cours de son propre développement intellectuel et existentiel. Selon Freud et Jung, le rêve est la voie royale de l'inconscient. Pour Nietzsche, à l'époque d'*Humain, trop humain*, le rêve est considéré comme un dysfonctionnement de la fonction

[216] Nietzsche, F., *Ecce homo*, *op. cit.*, p. 75.
[217] von Franz, M.-L.. *Le processus d'individuation*, *op. cit.*, p. 180.

mnésique du cerveau et l'adhésion à leur contenu, comme une attitude psychique primitive guidée par l'hallucination et la confusion :

> *« La fonction du cerveau qui est le plus altérée par le sommeil est la mémoire : non qu'elle cesse entièrement, - mais elle est ramenée à un état d'imperfection pareil à ce qu'elle peut avoir été chez tous les individus des premiers temps de l'humanité... La parfaite clarté de toutes les représentations oniriques, qui repose sur la croyance absolue à leur réalité, nous fait ressouvenir d'états de l'humanité antérieure où l'hallucination était extrêmement fréquente et, de temps à autre, s'emparait de communautés entières, de peuples entiers. Ainsi dans le sommeil et le rêve, nous refaisons, encore une fois, la tâche de l'humanité antérieure. »*[218]

Plus tard, dans A*urore*, Nietzsche *« parle de la possibilité, pour l'homme de* reproduire *dans son rêve un fragment du passé. »*[219] Enfin, dans le *Gai savoir*, où les contenus archétypiques commencent à se manifester (comme nous l'avons vu), le rêve devient le lieu d'émergence de toute l'humanité antérieure qui éclaire notre existence d'une signification nouvelle. Progressivement, Nietzsche conçoit l'existence, en son essence, comme un rêve auquel il nous appartient de donner sens. Plus exactement, l'existence comporte, en sa nature essentielle, une signification que seul le rêve, dans le contact avec l'humanité antérieure, peut révéler le sens et la profondeur :

> *« J'ai* découvert *quant à moi que l'ancienne humanité et animalité, voire même que l'ensemble de l'ère primitive et du passé de tout être sensible, continue à poétiser en moi, continuer à aimer, continue à haïr, continue à tirer des conclusions, - je me suis soudain réveiller au beau milieu de ce rêve, mais seulement pour prendre conscience que je suis en train de rêver, et que je* dois *continuer à*

[218] Nietzsche, F. (1995). *Humain, trop humain*. (A.-M. Desrousseaux et H. Albert, Trad.). Malesherbes : Livre de Poche, p. 41.
[219] Andréas-Salomé, L., *Friedrich Nietzsche à travers ses œuvres, op. cit.*, p. 188.

rêver si je ne veux pas périr : tout comme le somnambule doit continuer à rêver pour ne pas s'écraser au sol. »[220]

La confrontation avec l'inconscient onirique se dirige irrésistiblement vers une dimension « collective », « trans-personnelle » qui éclaire l'existence d'un sens profond et vital. Et Lou Andréas-Salomé de renchérir :

> *« Cette interprétation s'applique à tous les états qui s'apparentent au rêve, et qui s'enfoncent suffisamment dans le chaos ténébreux et insondable des mobiles souterrains de la vie pour retrouver non seulement l'humanité primitive, mais encore, à travers elle, la cause première dont tous ces états sont issus. »*[221]

Etats chaotiques, ténèbres insondables, sources originelles, tels seront les états recherchés par le dernier Nietzsche afin de communier à l'ivresse de l'absolu qui prendra nom : *Zarathoustra*, le *Surhomme.*

> *« Que l'homme est misérable ! pensait-il en son cœur. Qu'il est laid, plein de secrète ignominie !... Mais l'homme est ce qui doit être dépassé. »*[222] En Zarathoustra, *« l'homme est surmonté, le concept de 'surhomme' s'est fait ici réalité suprême – tout ce qui auparavant s'est fait appelé grand chez l'homme recule à des distances infinies,* au-dessous *de lui. »*[223]

Mais que l'on s'y méprenne pas, le surhomme n'est pas un monstre d'égoïsme. C'est une personnalité accomplie, un individu accompli. De ce fait,

> *« l'homme qui s'est façonné graduellement une âme de maître approfondie et individualisée, ne doit aucunement s'affranchir de ses préjugés et de ses chaînes d'esclave pour donner*

---

220 Nietzsche, F., *Le gai savoir, op. cit.*, p. 107.
221 Andréas-Salomé, L., *op. cit.*, p. 189.
222 Nietzsche, F. (2006). A*insi parlait Zarathoustra.* (G. Bianquis, Trad.). Paris : GF – Flammarion, p. 325.
223 Nietzsche, F., *Ecce homo*, *op. cit.*, p. 271.

libre cours à son égoïsme naturel ; il doit au contraire devenir le premier représentant d'un type d'humanité plus élevé, et son devoir est de se sacrifier pour laisser naître ce type nouveau... Plus un homme sera grand, plus il se rapprochera du génie, c'est-à-dire plus il sera un sommet, et plus il sera une fin, plus il se dispersera et se dépensera lui-même. »[224]

Et Nietzsche de confirmer : *« Je veux imiter en cela le soleil à son couchant, l'astre à la richesse débordante qui déverse dans la mer l'or de sa richesse inépuisable...C'est pareil au soleil que Zarathoustra périra. »*[225]

Le « génie » nietzschéen se rapproche étonnement de l'être « individué » jungien en la figure de la « personnalité mana ». Cependant une différence notoire séparent ces deux individuation : l'une se caractérise par le rejet du *« plus hideux des hommes »*[226], à savoir l'homme réel, l'homme normal enté d'une ombre, et l'identification plénière à la nature solaire de Zarathoustra, une nature divine dionysiaque[227], ce que Jung nomme le *Soi* ; tandis que l'autre fait montre de prudence et de distanciation, soucieux de ne jamais succomber à l'inflation moïque de la fascination numineuse des archétypique et de maintenir une dialectique entre ces deux instances d'égale importance : le conscient et l'inconscient. Jung n'aura de cesse d'insister :

> *« qu'on le veuille ou non, il faut satisfaire aux deux »*[228] ou encore *« On ne doit pas surestimer l'inconscient »*[229], d'ou la nécessité d'*« un point d'attache dans ce monde. »*[230]

[224] Andréas-Salomé, L., *op. cit.*, p. 155-156.
[225] Nietzsche, F., *Ainsi parlait Zarathoustra, op. cit.*, p. 251.
[226] *Ibid.*, p. 320-325.
[227] *« Rien de semblable n'a jamais été composé, jamais senti, jamais souffert : seul un dieu, un Dionysos, souffre ainsi. »* (Nietzsche, F., *Ecce homo, op. cit.*, p. 281).
[228] Jung, C.G., *Dialectique du Moi et de l'inconscient, op. cit.*, p. 254.
[229] Bari, D. (2007). *Jung. Une biographie.* (M. Devillers-Argouarc'h, Trad.). Paris : Flammarion, p. 447.
[230] Jung, C.G., *Ma vie. op. cit.*, p. 220.

Telle fut l'erreur fatale de Nietzsche que Jung commente en ces termes :

> *« l'homme se tient debout dans la solitude, à l'image de ce qu'il était lui-même, névrosé, financièrement dépendant, au fond sans relation ni avec Dieu, ni avec le monde. Ceci ne constitue pas une possibilité idéale pour l'homme réel qui a famille et doit payer ses impôts. Aucune contorsion intellectuelle visant à nier l'existence du monde ne fait le poids en face de la réalité du monde quelles que soient les preuves qu'elle prétende nous en apporter ; il n'y a point là d'échappatoire. De même rien ne pourrait prouver que l'inconscient n'exerce pas ses efficacités. »*

Mais, à y regarder de près, ce rejet de la vie concrète, de *l'homme hideux*, ne pointe-t-il pas en direction d'une difficulté d'intégration de l'*anima* qui est, selon Jung, « la vie de l'homme »[231] ? L'*homme hideux*, concret, ne serait-il pas, en creux, la conceptualisation d'une part ombrageuse de la première *anima* rencontrée, sa propre « mère » que Nietzsche abhorre de tout son être, mais à laquelle il finit par succomber et s'y identifier (*« c'est en tant que je suis ma mère que je vis encore, et vieillis »*) ? Ayant retrouvé le giron maternel et sa nature humaine hideuse, il n'aurait eu de cesse que de faire disparaître cette humanité (*« l'homme est ce qui doit être dépassé »*) par la voie d'un fol engloutissement dionysiaque. Ainsi un renversement se produisit, une réelle *conversion des valeurs* dont il voulut se faire le héraut : par identification à la mère, renforcée par la perte de Lou, son *anima* ayant régressé à l'archétype de la Mère par laquelle il vit désormais, se transmue en lui en un principe de mort ; alors que le père, par lequel il est déjà mort, devient en lui symbole de Vie, l'homme *dépassé*, l'ange[232] d'antique ascendance, l'incarnation du divin. C'est donc en tant que « son père déjà mort » qu'il retrouve sa véritable nature supérieure, son

---

231 Jung définit l'*anima* comme *« l'archétype de la vie...car la vie s'empare de l'homme à travers l'anima quoiqu'il pense qu'elle lui arrive à travers la raison. »* (Jung, C.G., *Ma vie*, p. 452).

232 *« Je considère comme un grand privilège d'avoir eu un tel père : les paysans devant qui il prêchait – car, après avoir vécu quelques années à la cour d'Altenburg, il avait été pasteur pendant les dernières années de sa vie – disaient de lui : c'est à cela que doit ressembler un ange. »* (Nietzsche, F., *Ecce homo*, *op. cit.*, p. 51).

authentique ascendance, une ascendance proprement divine :

> *« les natures supérieures ont une origine qui remonte infiniment plus haut : c'est pour leur donner naissance qu'il a fallu le plus longtemps collecter, économiser, accumuler… Les* grandes *individualités sont les plus anciennes : je ne le comprends pas, mais Jules César pourrait-être mon père* – ou bien *Alexandre, ce Dionysos fait chair… »*[233]

Inflation abyssale ou compensation morbide du Moi nietzschéen en un néant absolu en lequel il s'est abîmé, tel est le fruit amère de la régression à l'archétype maternel et la perte de l'*anima,* instance dialogique interne entre le Moi et l'inconscient. Enfermé dans la Matrice originelle, la thématique de l'*Eternel retour* ne peut résonner que comme une persévération, une compulsion de répétition, ou un verdict implacable assigné au héros non re-né de poursuivre inlassablement sa quête de transformation…

En définitive, nous avons pu voir la valeur heuristique du *Processus d'Individuation* jungien dans l'analyse théorique d'une figure historique. Il nous semble que toute évolution en direction d'une individuation traverse les étapes décrites par Jung dans ce processus. C'est pourquoi il revêt, à nos yeux, la valeur d'un modèle théorique psycho-dynamique extrêmement précieux offrant des points de repères universels au sein de l'évolution inconsciente du sujet, comme nous l'avons également vérifié au sein d'une clinique contemporaine en la figure de Paul suivi par Vincent Prouvé.

---

233 Nietzsche, F., *Ecce homo, op. cit.*, p. 55.

Conclusion de la 2me partie : application clinique

Au terme de cette seconde partie, consacrée à l'application clinique et historique du modèle psycho-dynamique, le *Processus d'Individuation* semble confirmer sa valeur heuristique autant que clinique.

En effet, la première application du *Processus d'Individuation* au cas clinique de Paul nous offrit la possibilité de suivre, pas à pas, l'autorégulation psychique spontanée (sans l'interprétation du thérapeute) d'un cas de psychose. Le plus surprenant fut, pour nous, de constater la correspondance quasi terme à terme de l'évolution du patient avec les différentes phases évolutives du *Processus d'Individuation*. Etonnement, mais également confirmation de la valeur clinique du modèle psycho-dynamique jungien résolument finaliste.

Ensuite, la seconde application, celle qui a trait à la figure historique de Nietzsche, elle nous a offert la possibilité d'une vérification heuristique du modèle théorique. Elle nous a permis, d'une part, de découvrir la véracité de l'apparition de l'*anima* en la phase développementale précise qui suit la confrontation d'avec l'*ombre* et celle qui précède l'expérience numineuse des figures archétypiques. Or Nietzsche ignorait, et pour cause, la théorie de Jung ! Elle nous a permis, d'autre part, de déceler la problématique centrale du philologue bâlois dans son évolution morbide. Certes, on ne peut exclure le facteur héréditaire comme explication plausible de l'effondrement psychique de Nietzsche (son père étant décédé d'une affection cérébrale). Mais il nous semble qu'une cause psycho-environnementale devait nécessairement accompagner cette fragilité innée. La cause psychologique n'est autre, nous semble-t-il, que la problématisation du rapport à l'*anima* incarnée sous les traits de Lou Salomé. Son départ, jamais accepté par le philologue introverti, ne pouvait que se résoudre en une régression au sein de l'archétype maternel, unique figure féminine désormais disponible, provoquant un enfermement matriciel duquel jamais le héros ne pu ressortir victorieux. C'est donc en toute logique que la théorie nietzschéenne de l' *« éternel retour »* pris naissance en ces années de régression à l'archétype maternel : le héros non re-né devait inexorablement redescendre dans la matrice originelle (archétype de la Mère), afin de reconduire son combat et parvenir victorieux à une vie transformée. La lecture jungienne de l'*éternel retour* est peut-être la seule voie explicative cohérente de l'émergence de cette théorie qui demeure sans elle extrêmement mystérieuse et absconse. A sa lumière, l'*éternel retour* paraît d'une logique implacable.

3me PARTIE : LE *PROCESSUS D'INDIVIDUATION* : ÉLARGISSEMENT PARADIGMATIQUE DE L'APPROCHE PSYCHANALYTIQUE CONTEMPORAINE ?

Au terme de cette seconde section dévolue aux applications clinique (Paul, chapitre 3) et historique (Nietzsche, chapitre 4), force nous est de constater la puissance du modèle spycho-développemental jungien en sa capacité prédictive et explicative. Ceci conduit tout naturellement à un questionnent plus large ayant trait à la méthode prospective à la base de ce concept clé de la psychologie analytique. Dans les deux derniers chapitres du livre de V. Prouvé, l'auteur expose précisément ce questionnement qu'il découvre explicitement à l'œuvre auprès de mains auteurs contemporains, questionnement que l'on pourrait caractériser d'élargissement du paradigme scientifique fondateur, à savoir la « causalité », en direction d'une perspective « synthétique » ou « finaliste » de tout système vivant. De la psychanalyse à la neurobiologie, en passant par la physique, la neurophysiologie, la sociologie, Prouvé montre une unité de pensée, interdisciplinaire, qui confirme étonnement les thèses jungiennes. Certes, il ne s'agit nullement de faire table rase des apports du passé, de la démarche scientifique et de ses résultats incontestables. C'est pourquoi il nous semble plus exacte de parler d'une complémentarité ou mieux d'un élargissement du paradigme scientifique « causaliste » en direction d'un regard « finaliste » rejoignant les intuitions de Jung théorisées en son concept du *Processus d'Individuation*.

1. Dans le domaine psychanalytique

Dans le domaine psychanalytique, et du traitement de la schizophrénie en particulier, V. Prouvé cite J.W. Perry, G. Benedetti et P. Lekeuche. Alors que le premier voit dans la schizophrénie un *« syndrome de renouvellement »*,

> *« un authentique processus de guérison une véritable force vitale saine issue des tréfonds archétypiques du psychisme, dont le but est de rendre au psychisme son équilibre et donc de compenser le déséquilibre du sujet. »*[234] ;

Le second, pour sa part, parlera d'une *« transformation de la psychopathologie 'régressive' en psychopathologie 'progressive' »* par la création d'un *« espace transitionnel »* au sein de la relation transférentielle, *« une réalité commune du patient et du thérapeute »* d'où peut émerger une *« psychopathologie progressive »*,

> c'est-à-dire *« un type de psychopathologie encore psychotique qui, cependant, ne se caractérise plus seulement par un retour à des formes infantiles d'expérience, comme dans la forme régressive, mais surtout par le fait qu'à travers la persistance des formes psychopathologiques s'articulent des intentionnalités qui les transcendent... des intentionnalités psychosynthétiques, réparatrices, interactives et qui ne peuvent apparaître que si l'on respecte temporairement la trame psychotique où elles sont nées mais qui donnent à cette trame des contenus nouveaux, ouvrant à la dualité et à l'échange. »*[235]

Il est à souligner que Benedetti thématise ces *« intentionnalités réparatrices »* comme *« le produit de structures innées qu'il nommera les* archétypes. *»*[236] ; Quant à P. Lekeuche, il parle très ouvertement d'une cause finale dans la schizophrénie, reprenant le concept plotinien d' *« apex »*.

> *« P. Lekeuche parle de cet apex comme d' 'un point d'appel', et il le*

---

[234] *Ibid.*, p. 274.
[235] Benedetti, G., *Le sujet emprunté. Le vécu psychotique du patient et du thérapeute.* cité par Prouvé, V., *op. cit.*, p. 289.
[236] *Ibid.*

relie aux conceptualisations de L. Szondi qui 'appelle « potestas » cette puissance d'être du devenir-soi' »[237]

Pour cet auteur, la schizophrénie se caractérise par un *« effondrement de l'apex »*, et par la quête de cet « apex » de la part du patient schizophrène, soutenu par la foi thérapeute.

> *« Dès les premiers instants de la première rencontre, le schizophrène sent tout de suite si le thérapeute a conscience de cet apex, s'il y croit pour le sujet et le prend au sérieux...cette attestation de la part du thérapeute, chez lequel la foi rencontre le désespoir du schizophrène, est son premier acte thérapeutique. »*[238]

Et, dans la droite ligne d'une perspective finaliste, P Lekeuche affirme : *« L'apex est toujours susceptible d'être réanimé. »* Il est à noté également que la définition de Lekeuche, concernant l'apex, se rapproche sensiblement de la notion d'archétype jungien. Il dit en effet,

> *« L'apex est différent de la 'forclusion du Nom-du-Père (...), et de l'idéal du Moi : il ne se situe pas au même niveau... L'apex se situe à un niveau d'abstraction supérieur, plus complexe (que l'idéal du Moi) : il ne se laisse pas remplir par des contenus représentatifs. »*[239]

Ces trois auteurs, cités par V. Prouvé rejoignent très précisément la vision finaliste de Jung et la notion d'archétype.

---

[237] *Ibid.*, p. 292.
[238] Lekeuche, P., *Le concept d'apex : ses linéaments à partir de la schizophrénie*, cité par Prouvé, V., *op. cit.*, p. 292.
[239] Lekeuche, P., *op. cit.*, cité par Prouvé, V., *op. cit.*, p. 292, note 891.

2. La perspective « finaliste » dans d'autres sciences

Mais la psychanalyse n'est pas la seule à opérer cet élargissement paradigmatique. La « finalité » s'est en quelque sorte « imposée » en d'autres disciplines scientifiques, comme la physique, la sociologie ou la bio-physiologie. Ainsi *la théorie du chaos* d'Ilya Prigogine, prix Nobel de Chimie (1977), découvre

> *« que le comportement désordonné des systèmes simples agissent comme un processus créatif. Il engendrait la complexité : des formes richement organisées... »*[240] Et Prouvé de préciser : *« Ce qui fut ainsi découvert, c'était la notion d'« attracteur » : 'un point fixe central (où une forme) « attire » les orbites', 'les trajectoires convergent vers un objet géométrique bien défini.' »*[241]

Sans entrer dans le détail de ses recherches, Prigogine nous apprend que

> *« 'la notion d'évolution', et avec elle, la notion d'évènement et de créativité font leur entrée dans les lois fondamentales de la nature'. 'L'ambition de la physique classique, nous dit le scientifique, était de découvrir l'inchangeant, le permanent au-delà des apparences du changement'... les sciences humaines (sociologie, psychologie, économie,...) se sont aussi laissé piéger par cette philosophie. En effet, 'pendant longtemps, le déterminisme était le symbole même de l'intelligibilité scientifique, tandis qu'aujourd'hui il se réduit à une propriété valable seulement dans les cas limites.' »*[242]

Mais ce que nous apprend également Prigogine, c'est qu'un système poussé loin de son point d'équilibre, par un apport énergétique (de la chaleur, par

---

[240] Gleick, J., *La théorie du chaos*, cité par Prouvé, V., *op. cit.*, p. 343.
[241] Prouvé, V., *op. cit.*, p. 343.
[242] *Ibid.*, p. 247.

exemple),

> *« au lieu d'augmenter son chaos, ou son désordre, va contre toute attente, commencer à créer des structures cohérentes, ordonnées. »*[243] C'est ce que le savant belge appelle : *« le rôle constructif de la flèche du temps. »*[244] Et d'affirmer : *« 'Une nouvelle science est née,..., la physique des processus de non-équilibre. Cette science a conduit à des concepts nouveaux tels que l'auto-organisation, et les structures dissipatives... ' »*[245]

En définitive, ce que nous apprend la chimie contemporaine, par les études de Prigogine, c'est que

> *« 'les systèmes vivants peuvent, dans une certaine mesure, échapper à l'entropie grâce à leur capacité d'auto-organisation ; chez eux un ordre supérieur nullement prédit par l'entropie peut émerger de l'impasse du chaos. »*[246] Et Prouvé de conclure : *« Pour ce qui nous occupe ici, quand nous parlions de processus 'constructif', ou de finalité avec Jung, c'est à la lumière de ces nouvelles recherches de ces soixante dernières années, que nous pouvons reformuler cela dans les termes de ce nouveau paradigme de type systémique, auto-organisationnel, etc., autres formulations de la cause finale (ou finalité interne). »*[247]

Mais, précise-t-il, c'est sur le mode analogique ou isomorphique que l'interdisciplinarité heuristique peut être pertinente, car la transposition pure et simple d'un domaine de vérité à un autre (de la chimie au psychisme) est loin de faire l'unanimité, parmi les jungiens eux-mêmes (cf *« Watsky, de l'institut de psychologie analytique (jungien) de San Francisco* (qui) *n'est pas convaincu par*

---

243 *Ibid.*
244 *Ibid.*, p. 248.
245 Prigogine, I, *La fin des certitudes*. Cité par Prouvé, V., *op. cit.*, p. 249.
246 Weber, R., *Dialogue avec des scientifiques et des sages*. Cité par Prouvé, V., *op. cit*, p. 350.
247 Prouvé, V., *op. cit.*, p. 351.

ce lien entre les théories du chaos et le psychisme inconscient »[248]). Aussi Prouvé suggère-t-il que

> *« le concept d'isomorphisme peut être assez pertinent. Cette hypothèse peut nous ouvrir de nouveaux champs épistémologiques, donc un autre regard sur le sujet-objet de nos recherches, le psychisme, et il faut compter sur le côté heuristique de cette hypothèse, qui pourrait nous aider à mieux comprendre le psychisme et ses fonctionnements, en reconnaissant très bien les limites épistémologiques de cette attitude, et en ne se départissant pas d'un esprit critique et de rigueur qui s'impose dans toute discipline. »*[249]

Si la *théorie du chaos* est en débat dans l'interdisciplinarité, elle rejoint néanmoins parfaitement la notion de *«crise »* chez E. Morin, sociologue et directeur de recherche au C.N.R.S., défenseur du paradigme de la *« complexité »*. Selon cet auteur, lorsqu'un système

> *« est capable de traiter ses problèmes vitaux, il se désintègre ou se métamorphose : il crée un système plus riche »*. De plus, *« il existe en l'humain des forces génératives. (...) des capacités génératives existent dans l'individu comme dans la société. »*[250] Une condition s'impose néanmoins : *« 'il faut des conditions de crise' pour que 'des potentialités de régénération et de créations (puissent) se réveiller et se manifester' »*[251]

Et comme par hasard, ce sociologue appelle ces puissances régénératives *« arkhê »* :

---

[248] *Ibid.*, p. 355.
[249] *Ibid.*, p. 356.
[250] Morin, E., *Vers l'abîme ?* Cité par Prouvé, V., *op. cit.*, p. 360.
[251] Prouvé, V., *op. cit.*, p. 360-361.

« Nous pouvons nommer les potentialités génératives de l'être humain d'après le terme grec arkhê. Ce mot ne veut pas seulement dire 'ancien', 'archaïque'; il signifie aussi 'fondement', 'originel' et 'source'. Autrement dit, pour qu'il y ait un autre commencement dans l'humanité, il faut revenir à la source, ou plutôt que la source se réveille' »[252]

Ce réveil n'est cependant pas conditionné uniquement par la « crise », fort heureusement, mais également par *« un travail de prise de conscience de ses potentialités internes. »*[253] Et Prouvé de remarquer que la notion d'*arkhê* chez Morin *« ressemble beaucoup, (...), à ce que C.G. Jung entend par archétype. »*[254]

De plus, les travaux en neurophysiologies de C. Gottesmann et de M. Jouvet donnent également à penser un processus finaliste au sein de la psychopathologie telle qu'elle peut s'exprimer dans la schizophrénie. En effet, le premier a souligné la ressemblance entre les états de sommeil paradoxal et l'activité corticale du schizophrène :

« désorganisation du rythme E.E.G. dans les aires corticales, perte de la coordination intracérébrale, circulation sanguine supérieure à l'éveil dans le système limbique, diminution voir suppression totale des afférences sensorielles (favorisant un état où 'l'esprit est à l'abri des distractions, dans un cabinet de travail où le téléphone des sens a été coupé'). Elle relève également dans le SP (sommeil paradoxal) *'l'extinction des processus inhibiteurs (noradrénergiques et sérotoninergiques) qui normalisent l'éveil (...) laissant libre cours à l'activité onirique faite d'incohérences'. Et enfin, 'sur cette désinhibition quasi complète du cortex pendant le sommeil paradoxal se greffe un autre phénomène, la libération de dopamine, qui contribue certainement au caractère étrange du*

---

[252] Morin, E., *op. cit.*, cité par Prouvé, V., *op. cit.*, p. 361.
[253] Prouvé, V., *op. cit.*, p. 361.
[254] *Ibid.*

contenu onirique'. Elle relève le fait déjà bien connu que '(...) la libération de dopamine est maximale dans cette structure (le noyau accumbens) pendant le sommeil paradoxal'. Et elle souligne que 'tous ces marqueurs se retrouvent aussi dans la schizophrénie où l'on observe un pic de dopamine dans le noyau accumbens (système limbique), et une diminution de cette même catécholamine dans le cortex préfrontal (ce qui explique les déficits cognitifs)' »[255] D'où l'affirmation de l'existence de points communs *« troublants entre rêve et schizophrénie. »*[256]

Par ailleurs, si l'incohérence onirique de la phase paradoxale du rêve ressemble à l'activité corticale du schizophrène, M. Jouvet nous permet

> *« d'entrevoir le rêve, au niveau neurobiologique, comme une activité hautement complexe, où le 'cerveau ferme la porte au milieu extérieur, et donc d'éventuels dangers, pour s'ouvrir à un programme endogène.' »*[257] Et la neurophysiologiste d'affirmer que le rêve *« 'est une activité programmée du cerveau', qui nous permet de mieux nous adapter au monde intérieur et au monde extérieur ».*

Et d'émettre l'hypothèse suivante :

> *« cette reprogrammation génétique intervient pendant la phase de sommeil paradoxal, autrement dit pendant le rêve... Et cela à quelle fin ? Eh bien tout simplement de restaurer l'individuation. Car c'est extrêmement important qu'il y ait de la diversité. Et surtout il est très important que dans un milieu de conditionnement comme celui où nous nous trouvons, nous disposions d'un système qui opère cette individuation.' »* Et Prouvé de conclure : *« On voit*

---

[255] Gottesmann, C., *Rêve et schizophrénie : un même support neurobiologique ?* Cité par Prouvé, V., *op. cit.*, p. 369.

[256] *Ibid.*

[257] Jouvet, M., *Le sommeil et le rêve.* Cité par Prouvé, V., *op. cit.*, p. 370.

que d'après Jouvet, le rêve n'est plus 'incohérent'. Il révèle, lors du SP, une activité corticale désorganisée, mais au niveau de sa fonction même il est hautement organisé. »[258]

De tout ce qui précède, nous sommes en mesure de comprendre l'hypothèse qui sous-tend l'ensemble de la thèse de Prouvé sur *« Le processus créatif dans la schizophrénie à partir de C.G. Jung. Dynamique psychique, chaos, transformation »*. Il la formule lui-même en ces termes :

> *« la question serait : dans quel but*[259] *le sujet se coupe-t-il des stimulations du monde extérieur pour se renfermer dans son 'laboratoire intérieur'. A l'exemple du rêve, le schizophrène a-t-il besoin de trouver quelque solution vitale à un problème existentiel qu'il rencontre ? Ce changement des marqueurs neurophysiologiques auraient-ils comme but de créer un état analogue au « rêve » dans le but de créer un processus qui pourrait permettre à l'individu de ressourcer ou de renouveler son individualité psychologique ? »*[260]

---

[258] Prouvé, V., *op. cit.*, p. 371.
[259] C'est nous qui soulignons.
[260] *Ibid.*, p. 371-372.

Conclusion de la 3me partie : élargissement paradigmatique de l'approche psychanalytique contemporaine ?

Le concept du *Processus d'Individuation*, née d'une méthode « prospective » ou « finaliste », rejoint, à tout le moins, l'orientation générale des recherches scientifiques actuelles empreintes de ce nouveau paradigme. C'est pourquoi, à la suite de Perry et son concept de *« syndrome de renouvellement »* à l'endroit de schizophrénie ; de Benedetti et sa théorise de *« psychopathologie progressive »* ; de Lekeuche et sa conception de la schizophrénie comme *« perte et quête de l'apex »* ; de Prigogine et sa *théorie du chaos* ainsi que du *système complexe et auto-organisationnel* régénératif et créatif ; de Morin et sa théorie de la « crise » comme une étape nécessaire à l'éveil des potentialités internes (*arkhê*) de l'humain ; de C. Gottesmann et ses marqueurs neurophysiologiques identiques entre la schizophrénie et le sommeil paradoxal ; enfin de M. Jouvet et sa conception du rêve comme fonction restauratrice de l'individuation ; à la suite, disions-nous, de tous ces chercheurs, et non des moindres, force nous est d'entrevoir un renouvellement du modèle d'investigation scientifique, originellement focalisée sur le principe de « causalité » assorti d'un découpage « analytique » du phénomène en ses constituants fondamentaux, en direction d'une compréhension de la « finalité », sur un mode davantage « synthétique » ou « systémique » de l'appréhension du phénomène, particulièrement en ses phases critiques. Tout ceci nous amène à penser qu'un nouveau paradigme guide la pensée scientifique contemporaine, et devrait, a fortiori, interpeler le psychanalyste contemporain : ouvrir l'investigation à la recherche d'une « finalité » éventuelle au sein des pathologies psychiques considérées dès lors comme une tentative naturelle et spontanée d'autorégulation et de renouvellement psychique en vue d'une meilleure adaptation à son être propre comme à l'environnement. C'est précisément ce que Jung avait expérimenté et théorisé dans le *Processus d'Individuation*.

CONCLUSION GÉNÉRALE

Au terme de cette recherche focalisée sur la thématique du *Processus d'Individuation* de Carl-Gustave Jung, force nous est de constater l'importance que revêt à présent à nos yeux ce concept. Parti d'une conception extrêmement superficielle et pragmatique du processus, celle d'une « recette » à offrir aux nombreuses personnes déversant leur mal-être dans le cadre de nos accompagnements spirituels, nous avons pris conscience qu'il s'agissait bien davantage d'une conception complémentaire à la démarche psychanalytique traditionnelle, celle initiée par Freud. Jung élargissait le champ d'investigation en direction d'une démarche « prospective », et non plus uniquement « causaliste », faisant place, au sein de la pathologie non seulement à ses caractéristiques « morbides », mais également à sa « créativité ». Le *Processus d'Individuation* se présente dès lors comme un modèle psycho-développemental auto-régulateur de la *psyché*, en quête d'une réorganisation psychique créatrice et efficiente, en vue d'une meilleure adaptation aux exigences environnementales comme aux impératifs individuants du sujet.

Pour le montrer, nous avons procédé en trois temps, subdivisant notre étude en trois parties : la première est celle de l'élaboration théorique et progressive du concept jungien (chap.1), aboutissant au schéma psycho-dynamique du *Processus d'Individuation* (Chap.2) ; la seconde met en exergue la validité clinique comme heuristique du *Processus d'Individuation* dans son application dans la clinique contemporaine (Chap.3) et à une figure de l'histoire, celle de Friedrich Nietzsche (Chap.4) ; enfin, la troisième partie engage, comme conséquence logique de la seconde partie, au questionnement plus général du changement paradigmatique au sein de l'approche psychanalytique contemporaine.

Ainsi avons-nous vu, au cours du premier chapitre, comment ce concept s'est en quelque manière « imposé » à Jung et comment il n'a eu de cesse de le traduire, dans un souci constant de fidélité aux faits tels qu'ils se sont manifestés dans sa vie professionnelle comme personnelle. En effet, sa vie personnelle fut émaillée, dès son plus jeune âge, d'évènements psychiques troublants qui le « préparaient » en quelque sorte à être attentif à la dimension inconsciente de la nature humaine. La personnalité double de sa mère, Emilie Preiszwerk, les phénomènes occultes auxquels se livra la branche familiale maternelle (grand-mère, tantes, cousines), son expérience personnelle d'une double identité (*« L'un était le fils de ses parents ; (...) l'autre, au contraire, était un adulte »*[261]), ont contribué à forger dans la pensée de Jung un intérêt particulier pour les phénomènes inconscients, dont le sujet de sa thèse, *Psychologie et psychopathologie des phénomènes dits occultes* publié en 1902, ne sera qu'une manifestation concrète. Jung était dès l'abord naturellement disposé à accueillir la dimension psychologique de la nature humaine, dans sa double acception consciente et inconsciente, et il n'aura de cesse de repérer cette réalité dans son travail psychiatrique à la clinique cantonale du Burghölzli, à Zurich.

Ses premiers écrits confirment de manière éloquente la théorie freudienne et mettent en évidence le mécanisme inconscient de la résistance et du refoulement. Ainsi, dans *Psychologie de la démence précoce : essai* (1907), il relate ses expériences d'association de mots et forge la notion de *« complexe à tonalité affective »*, notion avalisée par Freud lui-même ; alors que *Le contenu de la psychose* (1908) met en évidence le fondement psychologique de la démence précoce en opposition de l'opinion traditionnelle en Psychiatrie qui considérait la maladie mentale comme une maladie du cerveau. Ces deux œuvres prouvent à l'envi, dans le domaine psychiatrique, la justesse des propos de Freud en cette science naissante pour le moins révolutionnaire et honnie des contemporains : la Psychanalyse.

Malheureusement, l'entente fut de courte durée, par l'avènement de faits dont la compréhension allait séparer de manière irrévocable les deux auteurs. Différents rêves de Jung, dont celui (1909) de la maison aux multiples niveaux de styles et d'époques différents et interprété par le médecin suisse comme

[261] *Ibid.*, p. 65.

l'image de la *psyché globale* ; le délire des patients psychotiques du Burghölzli dont un malade qui réactiva inconsciemment le rite Mythraïque de mort et de renaissance ; les symboles mythologiques apparaissant dans le transfert au cours d'analyses ; enfin la propre confrontation de Jung avec son inconscient ; tous ces éléments ont conduit inéluctablement Jung à concevoir une dimension *collective* au sein de la *psyché*, nécessitant une approche *« constructive »* des productions oniriques dont le caractère archétypal, trans-personnel, ne laissait aucune prise à la méthode analytique, étant irréductibles à l'expérience particulière du sujet. Et Jung de découvrir dans le trésor mythologique de l'humanité un sens universel de ces symboles. L'interprétation des rêves et délires de nature archétypale devra donc se faire par le truchement d'une *amplification*, technique consistant à reconnaître la signification globale, synthétique, des matériaux imaginatifs, souvent consignée et vécue dans les gestes mythologiques ou religieux de l'humanité ancestrale. Plongeant en cette profondeur asexuée de la *psyché*, la *Libido* ne pouvait qu'être conçue comme *énergie vitale*, élan dynamique énergétique s'écoulant en de nombreuses manifestations, dont le désir sexuel et l'instinct de conservation du Moi thématisées par Freud ne seront que des figures particulières.

De cette conception énergétique de la *Libido* devait naître une vision dynamique de la *psyché* en ce qu'elle offre une perspective finaliste au processus psychique global. C'est ce que Jung nomme le *Processus d'Individuation* dont l'étude du schéma a fait l'objet du deuxième chapitre de cette recherche. Il se divise en six étapes : (1) Le « traumatisme » ou « la perte de l'équilibre psychique » ouvrant la voie à *« l'activité automatique et instructive de l'inconscient »*[262]ou le rôle autorégulateur de la *psyché*. Le travail du thérapeute consistera à permettre une intégration de l'inconscient par le Moi tout en maintenant une différenciation. (2) La prise de conscience et la liquidation de la *persona*, image sociale que se construit le sujet en rapport avec son environnement. (3) L'intégration progressive de l'*ombre* personnelle (les

---

[262] Jung, C.G., *Dialectique du Moi et de* l'inconscient, *op. cit.*, p. 92.

complexes) initialement projetée. (4) L'*anima* (l'aspect féminin en l'homme, se rapportant à la « vie ») / l'*animus* (aspect masculin de la femme, se rapportant au jugement, à la parole), figures collectives et dont le rôle est d'initier un rapport différencié et critique avec le monde archétypal. Pour l'homme, la première rencontre avec l'*anima* est la relation introjectée avec la mère qui colore son rapport général à la vie. Il en est de même pour la femme quant à son *animus*, image introjectée de son rapport au père. Toutefois ces images évoluent en fonction du travail d'intégration du Moi. Ainsi l'*anima* d'abord érotique devient un *guide* sous la représentation de la *Sagesse*, après être passée par les figures romantique (ex : l'Hélène de Faust) et spirituelle (ex : la Vierge Marie). Quant à l'*animus*, Jung remarque également quatre phases dans l'évolution des représentations de cet archétype : de la figure de l'athlète, il devient l'incarnation de la pensée (dont le modèle est Gandhi), en passant successivement par les représentations l'homme d'action et du prêtre-professeur. (5) Les expériences numineuses archétypiques, formes *a priori*, *instinctuelles* de la *psyché*. Une modification de la personnalité s'opère dans le rapport renouvelé du Moi à l'inconscient, le déplacement du centre de gravité psychique en direction du *Soi*, *« centre de la personnalité »*[263], et l'expérience de la *personnalité mana* où prédomine l'archétype sur le Moi. L'attitude d'humilité est particulièrement requise pour éviter toute mégalomanie. (6) Le rapport équilibré entre le Moi et l'inconscient sur le mode intégratif et différencié des données archétypales, d'où une adaptation plus grande au monde intérieur comme extérieur.

Ces six étapes du *Processus d'Individuation* ont été mises à l'épreuve dans la seconde partie de ce travail présentant « l'Application du *Processus d'Individuation* ». La finalité de cette seconde partie était de vérifier la valeur clinique (chapitre 3) et heuristique (chapitre 4), du modèle jungien. La première vérification fut menée sur base d'un cas clinique relaté par V. Prouvé dans son livre *« Le processus créatif dans la schizophrénie à partir de C.G. Jung. Dynamiques psychiques, chaos, transformation »*, tandis que la seconde

[263] Jung, C.G., *Dialectique du Moi et de l'inconscient, op. cit.*, p. 255.

vérification fut réalisée sur la figure historique de Friedrich Nietzsche.

La vignette clinique présentée par V. Prouvé nous a offert l'opportunité de nous rendre compte, in vivo, de l'émergence du *Processus d'Individuation*. Le cas de Paul, psychotique, relaté par l'auteur psychothérapeute jungien montre de manière claire le caractère « automatique » du processus. Sans aucune interprétation des productions hallucinatoire de la part du thérapeute (à la demande du patient lui-même), nous voyons la dynamique du processus s'enclencher par automatisme : trauma, ombre, *anima,* images archétypiques et résolution harmonieuse du rapport dialectique entre vie réelle et créativité dans la « phase terrestre », tout le processus se déploie dans une autorégulation psychique, le rôle du thérapeute s'étant limité *« à soutenir ('holding') le processus vécu par le patient. Un 'soutien' bienveillant et confiant dans l'inconscient. »*[264]

L'analyse nietzschéenne, quant à elle, nous a permis de constater la valeur heuristique du modèle jungien confirmée par la chronologie de ses œuvres, miroir de son développement psychique, épousant étonnamment les étapes prédites par le *Processus d'Individuation* : (1) le trauma dans l'échec en tant que philologue (*La naissance de la tragédie,* 1872) et en tant que musicien (la *Manfred-Meditation*, 1876) ; (2) La liquidation de sa *persona* : dans *Humain trop humain* (1878) ; (3) La rencontre avec l'*ombre* dans la problématique parental centrée autour de la problématique de l'inceste ; (4) La rencontre de l'*anima* pressentie par Nietzsche et incarnée en Lou Salomé (1ère rencontre à Rome le 24 avril 1882) ; (5) La confrontation avec les archétypes : déjà dans *Le gai savoir* (août 1882) et dans A*insi parlait Zarathoustra* (1883-1885) ; (6) Malheureusement l'équilibration psychique par l'instance critique de l'*anima* ne se fit jamais, Lou ayant quitté Nietzsche pour Paul Rée, son ami, le 26 août 1882. Le rapport aux archétypes se fit alors problématique : le philosophe introverti connut une inflation du Moi par l'identification à la figure de *Zarathoustra* : *« l'homme est surmonté, le concept de 'surhomme' s'est fait ici réalité suprême*

[264] Prouvé, V., *Le processus créatif dans la schizophrénie à partir de C.G. Jung*, *op. cit.*, p. 263.

– *tout ce qui auparavant s'est fait appelé grand chez l'homme recule à des distances infinies,* au-dessous *de lui.* »[265] Alors un mouvement régressif s'initia en direction de l'archétype de la Mère, matrice originelle en lequel Nietzsche à jamais s'abîma. Et c'est en toute logique que germa en son esprit l'idée de l'*éternel retour*, comme une persévération, une compulsion de répétition pour le héros non re-né en quête inlassable d'une transformation salutaire.

Ainsi ce modèle développemental nous permet de comprendre les thématiques les plus absconses de Nietzsche comme des créations compensatoires de sa *psyché* non différenciée du fond archétypal : Le *surhomme* se comprend aisément comme une inflation moïque compensant à la perte de l'*anima* non intégrée, à jamais extériorisée en la figure de Lou Salomé ; l'*éternel retour* comme une persévération d'une quête de transformation psychique jamais aboutie eu égard à l'absence d'instance critique de différenciation archétypique, rôle précisément dévolu à l'*anima.* Remarquons au passage que la figure de *l'anima* survint dans la vie du philologue juste après l'intégration de ses *ombres* personnelles et au moment précis où débute les expériences archétypiques (*Le Gai savoir*, août 1882 et *Ainsi parlait Zarathoustra*, 1883-1885), confirmant l'exactitude du modèle développemental jungien !

Enfin, la valeur clinique et heuristique du *Processus d'Individuation*, confirmant la capacité autorégulatrice de la *psyché*, ne signifie-t-elle pas en creux un changement paradigmatique radical dans l'approche psychothérapeutique contemporaine ? La troisième partie de cette étude a mis en évidence un renouvellement du regard à l'endroit de la psychopathologie : celui du passage de la causalité à la finalité, de la morbidité à la créativité. C'est à tout le moins la vision que propose Prouvé et qu'il étaye par les recherches de multiples auteurs dont la rigueur et le sérieux ne font aucun doute. De J.W. Perry et *« le syndrome de renouvellement »* à P. Lekeuche et le concept de la *« quête de l'apex »* en passant par G. Benedetti et *« la psychopathologie progressive »* dans le domaine psychanalytique ; de I. Prigogine et *« la théorie du chaos »* en chimie à E. Morin

[265] Nietzsche, F., *Ecce homo*, *op. cit.*, p. 271.

et la théorie de *« la crise »* et *« l'éveil des potentialités internes - arkhê»* en sociologie, en passant par C. Gottesman et *« les marqueurs neurophysiologique »* du sommeil paradoxal identique à ceux du schizophrène et M. Jouvet et la *« fonction restauratrice de l'individuation »* de ce même sommeil paradoxal, un même courant de pensée semble traverser l'ensemble de ces disciplines qui, consciemment ou non, reprennent à nouveau frais la méthode jungienne initiée dès 1914 : la méthode « constructive » qui aboutit à la mise en exergue d'un processus autorégulateur au sein de la *psyché* : le *« Processus d'Individuation »*.

Au terme de ce travail centré sur le *Processus d'Individuation*, force nous est de constater l'étendue des champs d'application de la psychologie analytique jungienne et nous nous proposons d'épingler quelques problématiques que des études ultérieures pourraient investiguer plus profondément.

Et en premier lieu, l'origine du contentieux entre Jung et Freud fut-il d'ordre personnel (le complexe paternel dénoncé par Emma Jung) ou archétypal ? Raymonde Berte, dans son article *« De Moïse à Saturne : un Mythe de la période Freud-Jung (1906-1914) »*[266]démontre avec finesse le rapport archétypal, fondé sur le Mythe de *Chronos-Saturne* en la figure du couple d'opposé *« Senex-Puer »* contaminé par l'élément féminin inconscient (le couple Saturne–Luna) guidant le père de la psychanalyse dans son rapport à son cadet.

Ensuite, une représentation onirique ou délirante de type collectif est-elle possible, sans le support d'un vécu réel et donc personnel ? L'imagination peut-elle s'exercer en dehors de toute expérience sensible, concrète ? Mais alors, ce contenu concret ne peut en aucun cas être dit archétypal. En outre, quel intérêt y a-t-il à faire appel à une catégorie conceptuelle non vérifiable et de surcroît *« sans contenu déterminé »*[267] ? Des études futures, développant une méthodologie appropriée, devraient étayer de manière plus probante encore

[266] Berte, R. (1975). *De Moïse à Saturne : un Mythe de la période Freud-Jung (1906-1914)*, in *Revue de Psychologie et des sciences de l'éducation*, 10 (1975), p. 345-366.
[267] Jung, C.G., *Ma vie*, *op. cit.*, p. 453.

l'authenticité de cette *« structure héritée de la psyché »*[268].

Par ailleurs, la théorie jungienne des archétypes pourrait fournir un outil non négligeable dans l'approche ethnopsychiatrique des pathologies en contexte migratoire et dans des cultures où la problématique œdipienne ne semble pas opérante. Les phénomènes de *possession*, de transe, de médiumnité, le maraboutage africain ou le chamanisme amérindien, difficilement réductible à la théorie freudienne, ne pourraient-ils davantage livrer leur secret sous l'angle des manifestations archétypiques de l'inconscient supra-personnel ?

Dans le domaine psychanalytique, par ailleurs, des ponts pourraient être jetés entre les notions de *préconception* (Bion), de *signifiant* (Lacan) ou d'*apex* (Lekeuche), et la notion jungienne d'*archétype.* De même le rapport entre la notion kleinienne de l'*imago maternelle* introjectée et l'*anima* jungienne devrait être davantage élucidée dans des recherches ultérieures. Des tuilages conceptuelles pourraient apparaître entre ces auteurs, voire des influences réciproques ou, à tout le moins, une unité de pensée.

Le *Processus d'Individuation* ne pourrait-il, en outre, fournir un modèle psycho-développemental de base pour aborder, aujourd'hui, les nouvelles pathologies naissante en cette postmodernité finissante et l'avènement de l'hyper-modernité ou de la Modernité « liquide »[269] ? Selon Sesto Passone,

> *« la souffrance psychique de la clinique actuelle semble présenter des manifestations qui tiennent plutôt du pôle narcissique-identitaire, celui du sentiment d'exister et d'être capable de parvenir à la réalisation de soi-même. »*[270].

Ne sommes-nous pas au cœur de la problématique du *Processus d'Individuation* qui vise précisément l'émancipation d'une identité véritable ? Ne peut-on voir en ce mouvement régressif actuel de la *psyché* en direction d'une quête

---

[268] *Ibid.*

[269] Expression du sociologue Zygmunt Bauman (2002), cité par S. Passone dans le cadre du cours*« Pathologie clinique actuelle et changement sociétaux »* (LPSYM 2538). Cours dispensée en duo par P. Lekeuche et S. Passone, à l'Université Catholique de Louvain-La-Neuve (2013).

[270] Notes personnelles du cours *« Pathologie clinique actuelle et changement sociétaux »* (LPSYM 2538).

narcissisme l'expression d'une volonté de transformation psychique, de recréation pour une meilleure adaptation au monde et aux exigences de l'hyper-modernité ? C'est tout le sens « finaliste » et « automatique » du *Processus d'Individuation* qui est ici convoqué et rendu compréhensible par la psychologie analytique jungienne.

Dans la seconde partie de ce travail, nous avons retracé le développement nietzschéen à la lumière du *Processus d'Individuation*. Nous avons ainsi situé la cause de son effondrement psychique dans la perte de l'*anima* demeurée projetée sur la personne de Lou Salomé et dont influence transparaît dans les dernières œuvres du philosophe. Cette problématique du rapport Lou-Nietzsche est discutée à l'heure actuelle parmi les spécialistes[271]. Néanmoins, lorsque son biographe, Dorian Astor, présente le concept d'*Eternel retour* comme la formulation d'un nouvel impératif catégorique : *« aime la vie au point de vouloir son éternel retour »*, il nous semble par trop dégagé de la vie réelle du philosophe. La perspective jungienne semble offrir, selon nous, une explication plus cohérente et, partant, plus convaincante de l'émergence de cette théorie.

Enfin nous pourrions également signaler l'intérêt contemporain de la physique quantique pour le domaine des archétypes. Il n'est qu'à considérer les travaux de Wolfgang Pauli (prix Nobel de physique) et, plus près de nous, ceux de Massimo Téodorani[272] centrés autour de la problématique du rapport entre la physique quantique (où la pensée influence la matière, cf. Principe d'incertitude d'Heisenberg) et l'inconscient collectif, *« matrice commune, capable d'unir de façon synchrone le monde du psychisme avec celui de la matière »*[273], pour se convaincre de l'intérêt croissant dévolu à la théorie des archétypes de C.G. Jung. Mais pour ce dernier, un langage neutre, propre au domaine physico-psychique, devrait être trouvé. Il le chercha du côté de l'Alchimie, interface entre la matière

[271] Cf. *Nietzsche et Lou*, dans *« Les philosophes amoureux »* émission sur France Culture, animée par Raphaël Enthoven, avec la participation Dorian Astor, biographe de F. Nietzsche, et enregistré le 28 juillet 2012 (www.franceculture.fr/player/reeconter?play=4471427).

[272] Téodorani est astrophysicien, docteur en Physique stellaire. Il travaille auprès des observatoires de Bologne et au radiotéléscope du Centre National de la Recherche.

[273] Téodorani, M. (2011). *Synchronicité. Le rapport entre physique et psyché de Paul et Jung à Chopra.* Cesena : Macro Éditions., p. 63.

et la *psyché*. Une étude plus approfondie devrait relever ce qu'il y a de pertinent dans cette affirmation.

En définitive, initiant un nouveau regard dans le mode d'investigation psychique, le *Processus d'Individuation* de C.G. Jung n'est-il pas, en sa structuration interne opérante, une invite à un élargissement paradigmatique au sein de l'approche psychanalytique contemporaine : une complémentarité féconde de la « causalité » par la « finalité », de la « morbidité » par la « créativité » ? Que cette dynamique psychique autorégulatrice nous paraisse quelque peu mystérieuse, cela ne devrait pas nous étonner tant est immense le monde à déchiffrer, mais qu'une dimension expérientielle fonde ce concept, voilà qui devrait interpeler le chercheur, car, au bout du compte, n'est-ce pas *« l'expérience vécue, et non les livres, qui conduit à la compréhension »*[274] et dynamise, en son fond, toute recherche authentiquement scientifique ?

---

[274] Jung, C.G. (2004). *Psychologie et Alchimie*, Paris, Buchet/Chastel, 1970, p. 608.

Bibliographie

Andréas-Salomé, L. (1977), *Ma vie.* (D. Miermont et B. Vergne, Trad.), Paris : Quadrige/PUF. (Publication originale en 1951).

Andréas-Salomé, L. (1992), *Friedrich Nietzsche à travers ses œuvres,* (J. Benoist-Méchin, Trad.). Paris : Bernard Grasset. (Publication originale en 1894).

Apulée (2011), *L'âne d'or ou les Métamorphoses.* (P. Grimal, Trad.), Malesherbes :Gallimard.

Bair, D. (2007), *Jung. Une biographie,* (M. Devillers-Argouarc'h, Trad.), Paris : Flammarion.

Baudouin, C. (2002), *L'œuvre de Jung,* Paris : Petite Bibliothèque Payot.

Benedetti, G. (1991/1998), *Le sujet emprunté, Le vécu psychotique du patient et du thérapeute,* Ramonville Saint-Agne : Éditions Érès.

Bourdin, D. (2007), *La psychanalyse de Freud à aujourd'hui,* St Etienne : Ed. Bréal.

Dorian, A. (2011), *Nietzsche,* Malesherbes : Gallimard.

Éliade, M. (1976), *Histoire des croyances et des idées religieuses* (tome 1), Paris : PUF.

Freud, S., Jung, C.G. (1975), *Correspondance.* (tome II ,1910-1914), Paris: Gallimard.

Freud, S. (1985), *Petit abrégé de Psychanalyse,* (J. Altounian, A. Bourguignon, P. Cotet et A. Rauzy, Trad.), in *Résultats, idées, problèmes II,* 1921-1938, Paris : PUF.

Freud, S. (1985), *Abrégé de psychanalyse*, (A. Berman, Trad.), Paris : PUF.

Freud, S. (1998), *Œuvres complètes, Analyse de la phobie d'un garçon de cinq ans,* (Vol. IX ,1908-1909), dir. de la publication : A. Bourguignon, P. Cottet, dir. scientifique : J. Laplanche, Vendôme : PUF. pp. 1-130. (Publication originale en février 1909).

Freud, S. (1998), *Œuvres complètes, Remarques sur un cas de névrose de contrainte,* (Vol. IX, 1908-1909), dir. de la publication : A. Bourguignon, P. Cottet, dir. scientifique : J. Laplanche, Vendôme : PUF. pp. 131-214. (Publication originale en octobre 1909).

Freud, S. (2007), *Diagnostique de l'état des faits et psychanalyse,* in *Œuvres complètes,* (tome VIII, 1906-1908), Paris : PUF. (Publication originale en juin 1906).

Freud, S. (2007), *Caractère et érotisme anal,* In *Psychiatrisch Neurologisch Wochenschrift*, in *Œuvres complètes,* (tome VIII, 1906-1908), Paris : PUF. (Publication originale en mars 1908)

Freud, S. (2007), *Des théories sexuelles infantiles,* in *Œuvres complètes,* (tome VIII, 1906-1908), Paris : PUF. (Publication originale en décembre 1908)

Freud, S. (2010), *L'interprétation du rêve,* (J. Altounian, P. Cotet, R. Lainé, A. Rauzy et F. Robert, Trad.), Paris : PUF. (Publication originale en 1900).

Freud, S. (2011), *Un souvenir d'enfance de Léonard de Vinci,* (D. Tassel, Trad.), Villeneuve-d'Asq : Éditions Points. (Publication originale en 1910).

Gleick, J. (1991), *La théorie du chaos,* Paris : Champs Flammarion.

Gottesmann, C., *Rêve et schizophrénie : un même support neurobiologique ?* Médecine/Sciences, 02/2006, vol. 22, n° 2. (Article original :Gottesmann, C. *Dreaming and schizophrenia. A common neurobiological background*, SleepBiol. Ryth., 2005, 3: 64-74).

Jouvet, M. (1992), *Le sommeil et le rêve.* Paris : Odile Jacob.

Jung, C.G. (1902), *Psychologie et psychopathologie des phénomènes dits occultes*, in Jung, C.G. (1973), *L'énergétique psychique,* (Y. Lelay, Trad.), Genève : Librairie de l'Université, Georg & Cie.

Jung, C.G. (1907), *Psychologie de la démence précoce : essai*, in Jung, C.G. (2001), *Psychogenèse des maladies mentales,* (J. Rigal, Trad.), Paris : Albin Michel, p. 13-187.

Jung, C.G. (1908), *Le contenu de la psychose*, in Jung, C.G. (2001), *Psychogenèse des maladies mentales,* (J. Rigal, Trad.), Paris : Albin Michel, p. 195-220.

Jung, C.G. (1911), *Critique de E. Bleuler : La théorie du négativisme schizophrénique*, in Jung, C.G. (2001), *Psychogenèse des maladies mentales,* (J. Rigal, Trad.), Paris : Albin Michel, p. 239-246.

Jung, C.G. (1914), *Appendice : La compréhension psychologique de processus pathologiques*, in Jung, C.G. (2001), *Psychogenèse des maladies mentales,* (J. Rigal, Trad.), Paris : Albin Michel, p. 221-238.

Jung, C.G. (1927), *Métamorphoses et symboles de la Libido,* (L. de Vos, Trad.), Paris : Éditions Montaigne. (Publication originale en 1911/1912).

Jung, C.G. (1958), *La fonction transcendante*, in Jung, C.G. (1990), *L'âme et le Soi,* (C. Maillard, C. Pflieger-Maillard et R. Bourneuf, Trad.), Paris : Albin Michel, p. 145-178.

Jung, C.G. (1973), *L'énergétique psychique,* (Y. Lelay, Trad.), Genève : Librairie de l'Université, Georg & Cie. (1ère édition : 1956).

Jung,C.G. (1973), *Ma vie, souvenirs, rêves et pensées recueillis par Aniela Jaffé,* (R. Cahen et Y. Le Lay, Trad.), Paris : Gallimard. (Publication originale en 1961).

Jung, C.G. (1985), *C.G. Jung parle. Rencontres et interviews,* Paris: Buchet-Chastel.

Jung, C.G. (1987), *L'homme à la découverte de son âme* (R. Cahen, Préface et adaptation), Paris : Albin Michel. (Publication originale en 1928).

Jung, C.G. (1993), *Types psychologiques,* (Y. Le Lay, Trad.), Genève : Georg. (Publication originale en 1921).

Jung, C.G. (2010), *Sur l'interprétation des rêves,* (A. Tondat, Trad.), Paris : Albin Michel. (Séminaire d'étude sur les rêves d'enfants de 1936 à 1941).

Jung, C.G. (2004), *Psychologie et Alchimie*, Paris, Buchet/Chastel, 1970. (Publication originale en 1943).

Jung, C.G. (2010), *Dialectique de Moi de l'inconscient,* (R. Cahen, Trad.), Saint-Amand : Gallimard. (Publication originale en 1933).

Jung, C.G. (2011), *Psychologie de l'inconscient,* (R. Cahen, Trad.), Paris : Georg.

Jung, C.G. (2011), *Le livre Rouge,* (C. Maillard, P. Deshusses, V. Liard, C. Maillard, F. Malkani et L. Portes, Trad. de l'allemand ; B. Dunner, avec le concours de J. Vieljeux et P. Crouzet, Trad. de l'anglais), Paris : L'iconoclaste.

Lekeuche, P., *Le concept d'apex : ses linéaments à partir de la schizophrénie*, in *Cliniques méditerranéennes,* Éditions Érès, 69 (2004), p. 323-342.

Lenoir, F. & Masquelier, Y. T. (dir), *Encyclopédie des religions,* (tome 1), Bayard Éditions, 1997.

Lipovetsky, G. et Charles, S. (2004), *Les Temps hypermodernes,* Paris : Éditions Grasset & Fasquelle.

Morin, E. (2007), *Vers l'abîme ?,* Paris : Édition de l'Herne.

Nietzsche, F. (1995), *Humain, trop humain,* (A.-M. Desrousseaux et H. Albert, Trad.), Malesherbes : Livre de Poche. (Publication originale en 1878).

Nietzsche, F. (1997), *Le gai savoir,* (P. Wotling, Trad.), Paris : GF Flammarion. (Publication originale en 1882).

Nietzsche, F. (2006), *Ainsi parlait Zarathoustra,* (G. Bianquis, Trad.), Paris : GF – Flammarion. (Publication originale en 1883/1884/1885).

Nietzsche, F. (2012), *Ecce homo. Comment on devient ce que l'on est,* (J.-C. Hémery, Trad.), Saint-Amand : Gallimard. (Publication originale en 1888).

Prigogine, I. (1996), *La fin des certitudes,* Paris : Odile Jacob.

Prouvé, V. (2013), *Le processus créatif dans la schizophrénie à partir de C.G. Jung,* Paris : L'Harmattan. (À paraître).

Schopenhauer, A. (2011), *Le monde comme volonté et comme représentation,* (A. Burdeau, Trad.), Mercuès : Quadrige/PUF. (Publication originale en 1819).

Weber, R. (1986/1996), *Dialogue avec des scientifiques et des sages,* Paris : Éditions du Rocher.

Printed by Books on Demand GmbH, Norderstedt / Germany